HEYNE BÜCHER

Wulfing von Rohr

SONNE

Der Lebensplanet

Die Kraft des Bewußtseins und der Schöpfung

Neu: Mit Fixsterntabelle

Was die Sonne
für Ihren Charakter und Ihr Schicksal bedeutet

WILHELM HEYNE VERLAG
MÜNCHEN

HEYNE PLANETENBÜCHER
14/306

Printed in Germany 1994
Umschlaggestaltung: Atelier Adolf Bachmann, Reischach
Umschlagillustration: Christine Wilhelm, München
Satz: Kort Satz GmbH, München
Druck und Bindung: Presse-Druck Augsburg

ISBN 3-453-07085-2

Inhaltsverzeichnis

Die Sonne stand zum Gruße der Planeten …

Wie an dem Tag, der dich der Welt verliehen,
Die Sonne stand zum Gruße der Planeten,
Bist alsobald und fort und fort gediehen,
Nach dem Gesetz, wonach du angetreten.
So mußt du sein, dir kannst du nicht entfliehen,
So sagten schon Sibyllen, so Propheten;
Und keine Zeit und keine Macht zerstückelt
Geprägte Form, die lebend sich entwickelt.

Johann Wolfgang von Goethe, aus: *Urworte, Orphisch*

Ohne die Sonne wäre das Leben auf unserem Heimatplaneten Erde nicht denkbar. Die Sonnenenergie hat alle wichtigen Lebensprozesse möglich gemacht und hält sie in Gang. Sie spendet Licht und Wärme, sie macht die Blüte der Flora und die Entfaltung der Fauna möglich. Das Licht der Sonne erhellt unsere Wege am Tage und läßt uns in den meisten Nächten über den Widerschein des Mondes noch einen Pfad erkennen.

Physikalische Informationen

Die Sonne ist das zentrale Gestirn unseres Planetensystems; ihre Schwerkraft hält unsere Erde und die anderen Planeten mehr oder weniger auf Kurs. Sie besitzt einen Durchmesser von knapp 1,4 Millionen Kilometern und ist im Durchschnitt etwa 150 Millionen Kilometer von der Erde entfernt. Sie dreht sich innerhalb von 25 Tagen einmal um die eigene Achse; die Erde braucht bekanntlich etwa 365 Tage, um die Sonne einmal auf einer elliptischen Bahn zu umkreisen. Die Sonnenoberfläche ist keineswegs so klar abgegrenzt, wie das dem menschlichen Auge erscheinen mag. Im Inneren dieses gigantischen Gasballes, der die Sonne physikalisch gesehen ist, ereignen sich bei vielen Millionen Grad Hitze ständig Atomfusionen, bei denen Wasserstoff zu Helium umgewandelt wird. Ein Teil der dabei entstehenden Energie wird in Form von sichtbarem und infrarotem Licht abgestrahlt, also als

»Licht« und »Wärme«. Alle elf Jahre kehren sich die magnetischen Pole der Sonne um, und die charakteristischen Sonnenfleckenzyklen betragen kurioserweise genau das Doppelte, nämlich 22 Jahre. Das Sonnenalter wird von Wissenschaftlern mit etwa viereinhalb Milliarden Jahren angegeben. Im Vergleich zu anderen bekannten Sternen ist unsere Sonne ein »Zwerg«, da deren Durchmesser bis zu eintausendmal größer ist und sie eine viele hundert Male größere Masse besitzen. Wir sollten nicht vergessen, daß unser gesamtes Sonnensystem mit unvorstellbarer Geschwindigkeit rund um ein galaktisches Zentrum kreist, ohne daß wir uns dieser »Raumfahrt« überhaupt bewußt sind.

Die Sonne und unsere Zeitmessung

Ohne die Sonne gäbe es nicht Tag und Nacht. Erst die Sonne schafft diese Zeiteinteilung. Dasselbe gilt für das Jahr mit seinen ganz unterschiedlichen Jahreszeiten, die sich danach richten, in welcher Weise sich die Erde der Sonne zu- oder von ihr abwendet.
Die Sonne bildet nicht nur eine Grundlage des uns bekannten Lebens in seinen vielgestaltigen Erscheinungsformen, sondern wir benutzen sie also auch als Zeitgeber. In frühen Kulturen wurde die Zeit oft zunächst nach den Mondphasen von Neumond über Halbmond zu Vollmond eingeteilt, weil man beobachten konnte, daß alle 27 $^1/_3$ Tage die Sonnenbahn einmal die sogenannte Ekliptik durchmaß. Daher die Monate und die heute noch gültigen Regeln des jüdischen und islamischen Kalenders. (Die Ekliptik ist, vereinfacht gesagt, der gedachte Meßkreis der zwölf Tierzeichenabschnitte, auf dem wir unsere astrologischen Gradzahlen eintragen bzw. ablesen.) Man stellte jedoch auch schon früh durch Himmelsbeobachtung fest, daß sich die Sonne pro Tag ungefähr einen Grad im Verhältnis zu dem »Gürtel« der vermeintlich unbeweglichen Fixsterne vorwärts bzw. nach Westen bewegt hatte und daß sie nach einer bestimmten Zeitdauer, eben nach dem dann so bezeichneten Jahr, mit 360 Grad ihren Kreislauf wieder von vorne begann. Erst später entdeckten scharfsinnige Forscher, daß nicht die Sonne, sondern die Erde sich bewegt – die Sonnenbahn also nur eine scheinbare ist. Das Wort Jahr wird übrigens nach meinem Herkunftswörterbuch entweder aus einem alten Wort für Frühling oder einem Begriff für »Gang der Sonne« abgeleitet. Das Wissen über den voraussichtlichen Sonnen- und Mondstand hatte zum Beispiel für die Landwirtschaft und Fischerei entscheidende Bedeutung für die Vorausberechnung der Saat-, Reife- und Erntezeiten, für Fruchtbarkeitsperioden, die auf geheimnisvolle

Weise mit dem Mondlauf verbunden schienen, für Ebbe, Flut und Sturmfluten bei bestimmten Finsternissen und dergleichen mehr.
Wir können festhalten: die Sonne teilt unser Jahr und unseren Tag ein, sie ist also der große Zeitmesser.

Die Sonne in der Mythologie

Es scheint mir wert, daran zu erinnern, daß in unserer Sprache die zentrale Quelle von Licht und Leben weiblich ist, unser Erdtrabant, der das Licht dieser Sonne nur widerspiegelt, jedoch männlich. Darin kommt zum Ausdruck, daß die Urgottheit zunächst als weiblich angesehen wurde. Erst mit dem Vordringen der griechisch-römischen Kultur wurden die Kräfte der weiblichen Gottheiten, vor allem jene der Sonne, männlichen Gottesgestalten zugewiesen. Das hat eben auch etwas mit dem sich ausbreitenden und durchsetzenden Patriarchat zu tun. In den romanischen Sprachen stoßen wir auf diese Einordnung: le soleil – il sole – la lune – la luna, etc.
Die Sonne wurde bei vielen alten Völkern verehrt, vor allem in landwirtschaftlich ausgerichteten Gesellschaften, in denen sie den Ernteerfolg bestimmte. Wir finden Sonnenkulte in Indien mit dem Sonnengott Surya, in Afrika, Mesopotamien, in Ägypten mit Amon-Re. In Griechenland galt zunächst Helios als Sonnengott, der Lenker des feurigen Pferdegespanns, das er als Sonnenlicht jeden Tag über die Himmel fuhr. Später jedoch wurde Apollo, der unter anderem als Begründer des weltberühmten Orakels von Delphi jahrhundertelang verehrt wurde, zum Gott des Lichts und Symbol der Sonnekraft. Sonnenkulte gab es im England der Druidenkultur mit Stonehenge als bekanntestem steinernem Zeugnis eines frühen Sonnen- und Sternenkalenders, bei den Azteken und bei etlichen Indianerstämmen Nordamerikas. Über die verschollenen Anasazi-Indianer und deren Hauptkultstätte im Chaco Canyon in New Mexico mit zahlreichen Zeugnissen einer astronomisch begründeten Zeitrechnung und Landwirtschaft habe ich Anfang der 90er Jahre einen Terra X-Bericht im ZDF gemacht.
Es ist selbstverständlich, daß die Sonne im Mittelpunkt von Mythen und Kosmologien stehen mußte – zu gewaltig und offensichtlich sind ihre lebensspendenden und erhaltenden Funktionen für diese Erde.

An dieser Stelle möchte ich ausdrücklich zwei Seelen danken, die mich auf dem Weg zur inneren Sonne entscheidend angeleitet und weitergeführt haben, Darshan Singh und Rajinder Singh. Auf ihre praktische

Lehre und einfache Meditationsmethode, den inneren Kosmos kennenzulernen und sich über die die Kräfte zu erheben, die in der Astrologie symbolisch von den Planeten usf. angezeigt werden, gehe ich kurz im letzten Abschnitt dieses Buches ein.

Astrologische Symbolik der Sonne

Das astrologische Zeichen für die Sonne ist ein Kreis mit einem Punkt in der Mitte. Der Kreis zeigt die Ganzheit des Lebens und der Schöpfung an, der Punkt weist auf den geistigen und schöpferischen Lebenskern, den »göttlichen Funken« bzw. die Bewußtheit der Seele hin, die sich in einem Leben zum Ausdruck bringt.

Als positive Schlüsselworte für die Deutung der Sonne in der Astrologie gelten gemeinhin:

- Lebenskraft, Vitalität, Kreativität, Selbstvertrauen, Lebensziele, Selbstverwirklichung, Bewußtheit, Geist, Selbst, Souveränität, Großzügigkeit, Führungseigenschaften; Liebe, die Fähigkeit zu geben und zu empfangen, Loyalität; Fröhlichkeit, Warmherzigkeit, Charme, Ehrgefühl; Lebenswille, Zielstrebigkeit; Macht, Ehre, Ruhm, Autorität; Gesundheit; Mann, Vater, Beziehungen mit männlichen Personen, manchmal auch Kinder allgemein; Männlichkeit.

Als Kernbegriffe für eine geschwächte oder übertriebene Sonnenkraft finden wir:

- Passivität, Hyperaktivität, Selbstüberschätzung, Stolz, Dominanz, Grausamkeit, Hochmut, Arroganz, Angebertum, Aggressivität, Starrheit, Egoismus, Extravaganzen.

Die Sonne ist im Zeichen Löwe und im 5. Haus betont. Nach Johannes Vehlow begründet sie mit ihrer Position den Beginn der zwölf Sonnenhäuser (siehe auch Bemerkungen zur dreifachen Häusereinteilung auf Seite 33).

In Horoskopen von Frauen verkörpert die Sonne u. a. den Mann bzw. den männlichen Partner; in allen Horoskopen den Vater. In politischen Horoskopen symbolisiert sie Herrscher, Präsidenten, hohe Würdenträger, die Regierung und den Staat schlechthin.

In bezug auf den menschlichen Körper und Organismus repräsentiert die Sonne das Herz, die Arterien, den Rücken, das rechte Auge bei Männern, das linke bei Frauen (nach J. Vehlow), das Gehirn, die vasomotorischen Nerven und die rechte Körperseite. Spannungsaspekte zur Sonne würden in der medizinischen Astrologie also zu Deutungen über diese Körperteile bzw. Organe führen.

Unter Steinen und Metallen werden Diamant, Rubin, Hyazinth, Sonnenstein sowie Gold und Platin als zur Sonne gehörig genannt.
Als Sonnentiere gelten Löwe, Adler und Falke, vielleicht auch der Hahn.
Alle gelben, goldgelben, golden oder hell leuchtenden Farben stehen für die Sonne.
Als Sonnenorte können wir sonnige und gesunde Gegenden betrachten, Täler und Äcker, öffentliche Plätze, vor allem Ehrenplätze, Schlösser und Paläste, Regierungsgebäude und Museen. Als Himmelsrichtung wird der Osten als Ort des Sonnenaufgangs der Sonne zugeordnet.
Zu typischen »Sonnenberufen« zählen Goldschmiede und Juweliere, hohe Beamte und Politiker, Direktoren, Diplomaten, Spekulanten, Börsenmakler, Kunsthändler und unter Umständen auch Kunstschöpfer sowie der Hochadel, soweit er als solcher noch »regiert«.
Zu charakteristischen Aspekten von Schicksalen, die symbolisch durch die Sonnenkraft bestimmt werden, gehören Erwerb von Reichtum, Ausübung von Machtbefugnissen, Siege und Erfolge aller Art (auch im Sport), erstaunliche Karrieren und Aufstiege sowie öffentliche Ehrungen, Ruhm und Auszeichnungen. Die Kehr- oder Schattenseite dieser Medaille wäre ein Schicksal, daß von Sturz aus hoher Stellung, Fall in Ungnade oder Unehre, enttäuschten Hoffnungen, schweren Schicksalsschlägen (zum Beispiel schwere Krankheit) und Erniedrigungen bestimmt wäre.
Spezifische Deutungen der Sonnenposition in den Zeichen des Tierkreises, in den zwölf Häusern und in der Beziehung zu den Kräften, die von den Planeten symbolisiert werden, finden Sie in den entsprechenden späteren Abschnitten. Zunächst wollen wir uns gemeinsam ansehen, was in einem Horoskop eigentlich »steht«.

Was »steht« in einem Horoskop?

Die meisten Horoskopdarstellungen sind heutzutage rund. Eine Ausnahme stellen Horoskope nach der indischen Manier dar, die als Quadrat gezeichnet werden. Im Mittelalter wurden auch bei uns Horoskope quadratisch abgebildet.
In diesem Rund finden Sie fünf Arten von Eintragungen:

1. 12 Zeichen des symbolischen Tierkreises von Widder bis Fische. Sie sind das Meßband von 12 x 30 Grad = 360 Grad, in das man Planeten, Häuser und rechnerische Punkte einträgt und abliest.

2. 10 Planeten symbolisieren Kräfte, welche in der oder auf die Person wirken.
3. 12 Häuser, welche die Lebensbereiche angeben, in denen sich die symbolischen Planetenkräfte bemerkbar machen.
4. Einige Achsen als Grundstruktur (und einige rechnerische Punkte) als zusätzliche wichtige Deutungshilfen.
5. Aspekte, das heißt spezielle Winkelbeziehungen zwischen Planeten, Achsen und rechnerischen Punkten.

Jeder Planet und jeder rechnerische Punkt steht also sowohl in einem Zeichen als in einem Haus. Wahrscheinlich ist er darüber hinaus mit einem oder mehreren anderen Planeten durch eine besondere Winkelbeziehung, also durch einen Aspekt, verbunden.

Ein Horoskop gibt nach Ansicht von Astrologen Aufschlüsse über den Charakter des Horoskopinhabers sowie über Anlagen und Talente. Darüber hinaus lassen sich die »karmischen« Grundlagen dieses Lebens und die generellen Entwicklungsmöglichkeiten aufspüren. Weiter eignet sich die astrologische Betrachtung dazu, Zyklen und Zeitabschnitte im Lebensgang eines Menschen zu erkennen. Anhand des Horoskops kann man sowohl zu Aussagen über mögliche äußerliche Ereignisse gelangen als auch über psychologische Muster und über die geistige Ausrichtung des betreffenden Menschen. Damit dient das Horoskop als »Anzeigeinstrument« für Charakter und Schicksal, für Persönlichkeit und Seelenleben eines Menschen – mit zwei wichtigen Einschränkungen. Das Horoskop »macht« nichts, Planeten und Sterne »machen« nichts, sondern zeigen im Rahmen von Analogiegesetzen nur etwas an – so, wie eine Uhr die Zeit nicht schafft, sondern nur anzeigt. Und ein Zweites: die schöpferische Freiheit der Kraft, die alles geschaffen hat und aus der auch wir leben, ist natürlich immer größer als ein Teilgesetz, das wir vielleicht gerade beginnen zu erkennen. Der Geist ist größer als das Horoskop.
Daß diese geistige Disziplin der Astrologie, die zwischen Wissenschaft und Kunst angesiedelt werden kann und als eines der ältesten menschlichen Forschungsgebiete gilt, genauso umstritten ist wie andere Wissensbereiche, tut ihrem Wert und ihrer (manchmal nur heimlichen) Anerkennung keinen Abbruch. Ebenso selbstverständlich ist, daß wir auch hier – genausowenig wie in der Psychologie, Soziologie und selbst in der Physik und anderen »harten« Wissenschaften – nichts blindgläubig übernehmen sollten, was sich nicht für uns bewährt.

R. W.
22. 1. 1944
6.00
Br 52°
Lg 4°

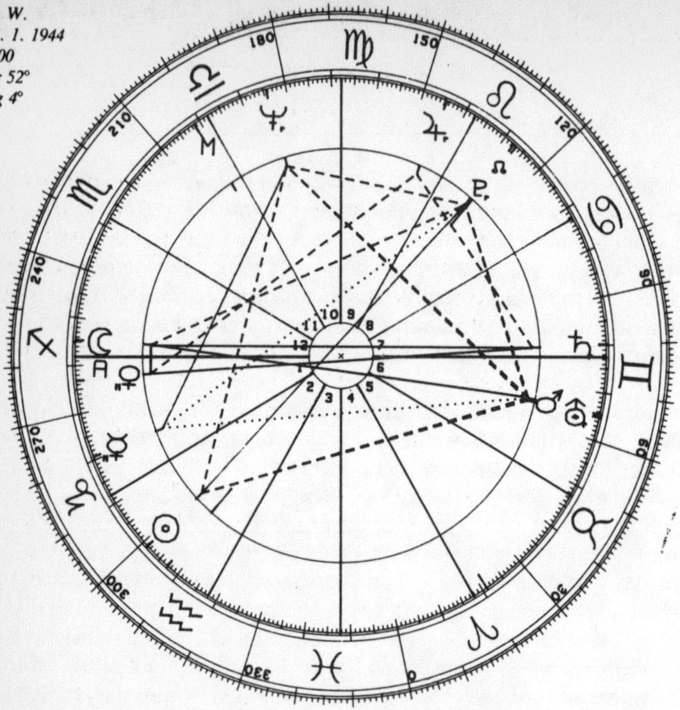

Ein typisches Horoskopbild als Computerausdruck mit den zwölf Zeichen, Sonne, Mond und Planeten sowie Aspekten. Die zwölf Häuser sind im Innenkreis als »Tortenstücke« gezeichnet.

In den Heyne Planetenbüchern über Merkur, Venus, Mars, Jupiter, Saturn und die Mondknoten bin ich auf wichtige Grundlagen der Astrologie und auf Erklärungen, warum Astrologie »funktioniert«, näher eingegangen. Das können Sie bei Interesse dort nachlesen.

Was sind Planeten?

Persönliche, soziale und kollektive Planeten

Die vier Gestirne innerhalb des Erdumlaufs um die Sonne werden oft als die »inneren« oder »persönlichen« Planeten bezeichnet, die eine ganz individuelle Bedeutung für den Horoskopinhaber besitzen. Das sind Sonne*, Mond*, Merkur und Venus. Sie sind die Gestirne unseres Sonnensystems, die sich am schnellsten auf ihren Umlaufbahnen bewegen. Natürlich kreist die Erde um die Sonne und nicht umgekehrt; doch scheint die Sonne von der Erde aus gesehen im Verlauf eines Jahres durch den 360-Grad-Meßkreis der Sternzeichen zu wandern. Der Mond läuft innerhalb von knapp einem Monat einmal um die Erde und damit durch alle Sternzeichen, die Umlaufzeiten von Merkur und Venus betragen 88 bzw. rund 225 Tage.

Die zur Erde noch relativ nahen Gestirne außerhalb des Erdumlaufs um die Sonne beschreibt man auch als »soziale« Planeten. Sie symbolisieren den sozialen Umgang des Menschen in seiner Umwelt. Das sind Mars, Jupiter und Saturn. Die Umlaufzeiten betragen beim Mars knapp zwei Jahre, beim Jupiter rund zwölf Jahre und beim Saturn etwas mehr als 29 Jahre.

Die weiter entfernten Planeten, die übrigens in der Neuzeit alle relativ spät (wieder-?)entdeckt wurden, nennt man »kollektive« oder »überpersönliche« Planeten. Sie symbolisieren für den Menschen unbewußte oder spirituelle Einflüsse. Das sind Uranus, Neptun und Pluto. Ihre Umlaufzeiten sind 84 Jahre beim Uranus, fast 165 Jahre beim Neptun und etwa 249 Jahre beim Pluto.

Je langsamer sich ein Planet auf seiner Umlaufbahn um die Sonne bewegt, desto langsamer erscheint auch von der Erde aus sein Lauf durch die Sternzeichen. Je länger ein Planet in einem Sternzeichen verweilt, desto mehr Menschen haben die gleiche oder ähnliche Planetenstellung im Horoskop. Pluto zum Beispiel bleibt rund 20 Jahre im selben Zeichen.

Die sogenannte Rückläufigkeit von Planeten ergibt sich nur von der Erde aus gesehen. Da der jeweils rückläufige Planet in seinem Umlauf

---

* Sonne und Mond sind natürlich keine Planeten, sondern streng genommen »Lichter«. Der sprachlichen Vereinfachung halber werden sie in der Astrologie aber auch als »Planeten« bezeichnet.

um die Sonne zeitweise langsamer vorankommt als die Erde, scheint er rückläufig. Rückläufigkeit gilt Astrologen, kurz gesagt, entweder als eine Hemmung der betreffenden symbolischen Planetenkraft oder als deren Verinnerlichung.

Planetenfunktion im Verhältnis zu Zeichen, Häusern und Aspekten

Die zehn Planeten Sonne, Mond, Merkur, Venus, Mars, Jupiter, Saturn, Uranus, Neptun und Pluto, die vier »Ecken« oder Achspunkte Aszendent (AC), Deszendent (DC), Himmelsmitte (MC) und Himmelstiefe (IC) und die beiden Mondknoten (der aufsteigende und der absteigende) symbolisieren die Kräfte des Lebens. Sie sind das »was passiert«, »was wirkt«. Es geht um Selbstverwirklichung und Gefühl, um Trieb und Arbeitsfähigkeit etc.
Die zwölf Zeichen des symbolischen Tierkreises geben Aufschluß darüber, »wie« etwas passiert oder wirkt.
Die zwölf Häuser bezeichnen Lebensbereiche, in denen sich die Planetenkräfte bemerkbar machen, also zum Beispiel Beruf, Partnerschaft, Familie usf. Wir kennen heute zwölf Häuser; früher wurde jedoch zunächst einmal nur mit vier Viertel oder »Quadranten« gearbeitet, dann auch zeitweise mit acht Häusern. Jedes System ist prinzipiell brauchbar; stärker gegliederte Systeme erlauben natürlich eine größere Differenzierung der Auslegungen. Die zwölf Häuser zeigen astrologisch an, »wo« etwas passiert, in welchem Lebensfeld.
Aspekte sind besondere Winkelbeziehungen zwischen den Planeten, den Achsen und den rechnerischen Punkten. Die Aspekte, zum Beispiel Opposition, Trigon oder Quadrat, zeigen astrologisch an, in welcher Beziehung die Planetenkräfte zueinander stehen. Gehen Arbeitsfähigkeit und Gefühl Hand in Hand oder stehen sie konträr zueinander? Wirken das Streben nach Selbstfindung und sinnliche Triebe harmonisch zusammen oder sind diese Kräfte verspannt?

Als Schlüsselbegriffe können wir uns merken:

Planeten = Was wirkt oder passiert?

Zeichen = Wie geschieht es?

Häuser = Wo werden die Kräfte spürbar?

Aspekte = Wie wirken die Kräfte auf einander?

Einteilung des Horoskopbildes

Zur oberen Hälfte des Horoskopkreises, oberhalb der Aszendent-Deszendent-Achse, gehören die Begriffe Tag, Bewußtes, Kopf, Individuum. Zur unteren Hälfte gehören Nacht, Unbewußtes, Körper, Kollektiv.

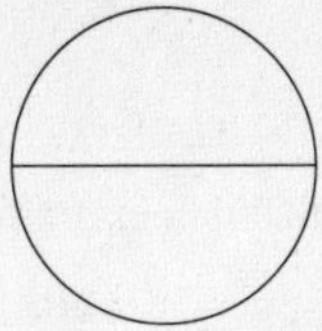

Zur linken Hälfte des Horoskops, links der Mittelachse, die idealtypisch mit der MC-IC-Achse zusammenfällt, zählen die Schlüsselworte Ich und Ich-Bezogenheit; zur rechten Häfte Du und Du-Bezogenheit.

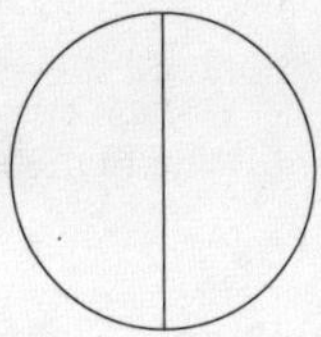

Im I. Quadranten drückt sich das »Ich« und der Trieb aus.
Im II. Quadranten findet sich das »Wir« und der Instinkt.
Im III. Quadranten ist das »Du« und das Denken angesiedelt.
Im IV. Quadranten kommt das »Man« und das Sein zum Ausdruck.

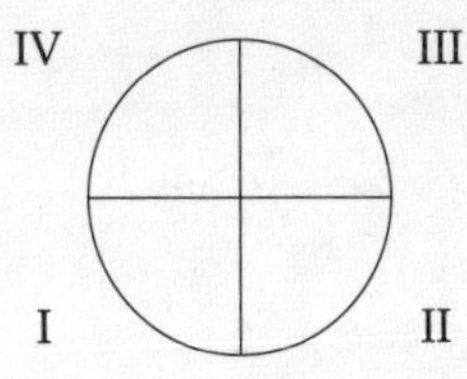

Zu Ihrer Orientierung drucken wir noch eine Übersicht mit den gebräuchlichen Zeichen und Symbolen für die astrologischen Begriffe ab.

Astrologische Symbole der Planeten
Die üblichen graphischen Zeichen für die Planeten bestehen aus wenigen Grundelementen, die in den unterschiedlich gestalteten Planetensymbolen den Wesenskern des jeweiligen Planeten plakativ zum Ausdruck bringen.

Wir finden

Kreis	= Unendliche Ganzheit	○
Halbkreis	= Endliche Begrenztheit	⊃ ∪
senkrechte Linie	= Geistiges Streben	|
waagerechte Linie	= Körperliche Ausdehnung	—
Kreuz	= Verbindung beider Linien	+
Pfeil	= aktives abgewandeltes Kreuz	↗
Punkt	= Lebenswille, Lebenskern	•

in verschiedenen Kombinationen.

Und so sehen die Symbole für die Planeten und Tierkreiszeichen aus:

Sonne	☉	Mars	♂	Neptun	♆
Mond	☽	Jupiter	♃	Pluto	♇
Merkur	☿	Saturn	♄		
Venus	♀	Uranus	♅		

Aufsteigender Mondknoten ☊

Absteigender Mondknoten ☋

Widder	♈	Löwe	♌	Schütze	♐
Stier	♉	Jungfrau	♍	Steinbock	♑
Zwillinge	♊	Waage	♎	Wassermann	♒
Krebs	♋	Skorpion	♏	Fische	♓

(Es gibt bisweilen auch andere Darstellungen, zum Beispiel für Uranus und Pluto. In unserem Sprachraum sind die hier abgebildeten Symbole gebräuchlich.)

Planeten und ihre Bedeutungen in Stichworten

Sonne
Betont im Zeichen Löwe und im 5. Haus.
Lebensziel, Selbst, Wesenheit, Lebensschöpfung, Vitalität, Selbstverwirklichung, Bewußtheit, Souveränität; der Mann.
Falls geschwächt: Passivität, Hyperaktivität, Selbstüberschätzung.

Mond
Betont in Krebs und im 4. Haus.
Seelisches, Gefühle, Vertrauen, Hingabe, Beschützendes, Funktionalität, Phantasie, Gemüt, Traum; Mütterliches, die Frau.
Falls geschwächt: Gefühlshemmung, Ungeborgenheit, Launenhaftigkeit.

Merkur
Betont in Zwillinge und Jungfrau sowie im 3. und 6. Haus.
Intellekt, Austausch, Sprache, Nachrichten, Wendigkeit, Lernfähigkeit, Ökonomie, Urteile, zweckgerichtetes Handeln.
Falls geschwächt: Kontaktprobleme, Geschwätzigkeit, Kopflastigkeit oder problematische kommerzielle Einstellungen.

Venus
Betont in Stier und Waage sowie im 2. und 7. Haus.
Harmonie oder Harmoniebedürfnis, Sinnlichkeit, Nähe, weibliche Libido, Beziehungsfähigkeit, Zärtlichkeit, Ästhetik, Kunst, Formsinn.
Falls geschwächt: Scheinharmonie, Konsumhaltung, Narzissmus, Trägheit.

Mars
Betont in Widder und im 1. Haus.
Initiative, Energie, Triebkraft, »Yang«-Aspekt der Libido, also drängende oder gebende Liebe. Aktivität, Antrieb, Durchsetzungsfähigkeit und Risikobereitschaft.
Falls geschwächt: Ungeduld, Aggression, Konfliktscheu oder Rücksichtslosigkeit.

Jupiter
Betont in Schütze und im 9. Haus.
Sinnbedürfnis, Optimismus, Glaube, Ganzheitlichkeit, Erkennntis, Weisheit, Lebenssinn, Optimum.

Falls geschwächt: Überheblichkeit, überzogene Erwartungen, Ausschweifungen.

Saturn
Betont in Steinbock und im 10. Haus.
Sicherheit, Struktur, Integration, Pflichtgefühl, Leistungsbereitschaft, Konzentration, Begrenzung, Verantwortung.
Falls geschwächt: Sturheit, Geiz, Härte, Ängste, Kontrollzwang, Beschränkung.

Uranus
Betont in Wassermann und im 11. Haus.
Intuition, Eingebungen, Originalität, Individualisierung, Erneuerung, Freiheits- und Reformstreben, Veränderungsdrang, Kreativität, Toleranz, Plötzlichkeit.
Falls geschwächt: Angst, vor Risiken, Unberechenbarkeit, Exzentrik, Unbeweglichkeit.

Neptun
Betont in Fische und im 12. Haus.
Einfühlung, Hingabe, Ahnungen, Träume, Verschmelzungsbedürfnis, Anteilnahme, grenzüberschreitende Schau, Auflösung, Friede, Meditation, Mystik, Vertrauen, Weichheit.
Falls geschwächt: Illusion, Realitätsflucht, Antriebsschwäche, Opfer-Helfer-Syndrom.

Pluto
Betont in Skorpion und im 8. Haus.
Leitbild, Wandlung, Metamorphose, Überwindung von Ängsten und Zwängen, Machtstreben, Sexualität, Magie, Tod und Wiedergeburt, radikale Umgestaltung.
Falls geschwächt: Abwehr, Machthunger, Fanatismus, Opferrolle, Abhängigkeit vom Kollektiv.

Aufsteigender Mondknoten
Heißt auch »Drachenkopf«. Steht für Zukunftsorientierung, neue Aufgaben, Entwicklungswege, neue karmische Herausforderungen und Chancen.
Nach B. A. Mertz ähnlich wie Jupiter/Sonne.

Absteigender Mondknoten
Heißt auch »Drachenschwanz«. Steht für Vergangenheitsbindungen, Gewohnheitsmuster, Fluchtwege, ungelöstes »altes« Karma.
Nach B. A. Mertz Qualität ähnlich wie Saturn/Mond.

Aszendent-Deszendent-Achse
Die Achse Aszendent-Deszendent ist das persönlichste Element in jedem Horoskop.
Der Aszendent ist jener Punkt im 360-Grad-Meßkreis der Sternzeichen, der im Moment der Geburt im Osten am Horizont aufgeht, betrachtet vom Ort der Geburt.
Der Deszendent ist der »absteigende« Punkt und liegt genau gegenüber.
Alle vier Minuten rückt der symbolische Tiermeßkreis einen Grad auf dem 360-Grad-Rund weiter. Deshalb kann eine auch nur um wenige Minuten falsche Uhrzeitangabe einen großen Unterschied machen. Ein Beispiel dafür: Wenn die Angabe von 4.50 früh zu einem Aszendenten von 28 Grad Zwillinge führt, später aber herauskommt, daß die richtige Uhrzeit 5.10 gewesen ist, so liegt der Aszendent dann bei 3 Grad Krebs.
Der Aszendent (AC) symbolisiert das Ich, das Selbstbild, die »Persona« des Horoskopinhabers.
Der Deszendent (DC) symbolisiert das persönliche Du, die Begegnung mit unmittelbaren Partnern und die eigene Einstellung bzw. die Projektion auf das Du.

MC-IC-Achse
Die MC-IC-Achse geht mehr oder weniger senkrecht durch das Horoskop. Sie richtet sich nach der Geburtszeit und dem Geburtsort, wie die AC-IC-Achse.
MC (Medium Coeli) = Sonnenhöchststand, südlichster Punkt im Horoskop. Äußere Stellung oder Bestimmung im Leben, Erwartungen von Familie oder Gesellschaft. »Man!« Qualität oft wie 10. Haus.
IC (Immum Coeli) = Sonnentiefststand, nördlichster Punkt im Horoskop. Herkunft, innere Heimat oder »Karma«. Gewohnheiten sowie innere Verwirklichung. »Wir!« Qualität oft ähnlich wie 4. Haus.

Was bedeutet der Tierkreis?

Die Aufteilung in zwölf Zeichen

Bekanntlich handelt es sich bei den Tierkreiszeichen um einen gedachten, in der Vorstellung »konstruierten« Meßkreis von zwölf Zeichen mit genau jeweils 30 Grad Ausdehnung, die zusammen den 360-Grad-Kreis der astrologischen Zeichen bilden, worauf der führende deutsche Astrologe Bernd A. Mertz zu Recht immer wieder aufmerksam macht. Die diesem Meßkreis mythologisch zugrunde liegenden Fixsternkonstellationen haben mit dem in der westlichen Astrologie benutzten Tierkreis nichts gemeinsam außer dem Namen. Die Konstellationen verbinden extrem weit auseinanderliegende, in keiner Weise zusammengehörige Fixsterne zu »Sternbildern«, die darüber hinaus sehr unterschiedlich groß sind und sich keineswegs alle über genau 30 Grad erstrecken. Im übrigen haben sich die Himmelsorte der zwölf Sternbilder, also der Fixsternkonstellationen, die wir am Firmament sehen, durch einen astronomischen Vorgang, den man »Präzession« nennt, bislang um rund 23 Grad gegenüber dem immer gleichen Meßkreis der astrologischen Tierkreiszeichen verschoben. (Mehr darüber zum Beispiel in den Lehrbüchern von B. A. Mertz.)

Die vier Elemente und die Tierkreiszeichen

Feuer: Widder, Löwe und Schütze werden durch das Feuerelement bestimmt. Vom Typ her handelt es sich hier um »extrovertierte Choleriker«. Intuition, Kraft und Aktion sind in diesem Element besonders ausgeprägt.

Erde: Stier, Jungfrau und Steinbock zählen als Erdzeichen. Der Typ des »introvertierten Phlegmatikers« gehört hierher. Schlüsselworte für das Erdelement sind Besitz, Sicherheit und empfindsame Beharrung.

Luft: Zwillinge, Waage und Wassermann werden dem Luftelement zugeordnet. Dafür ist der »extrovertierte Sanguiniker« typisch. Denken, Austausch und Vielseitigkeit sind stark entwickelt.

Wasser: Krebs, Skorpion und Fische sind astrologisch betrachtet Wasserzeichen. Der Typ des »introvertierten Melancholikers« bezeichnet dieses Element am besten. Fühlen, Anpassung und Phantasie sind ausgeprägte Merkmale des Wasserelements.

Die drei Motivationen und die zwölf Zeichen
Widder, Krebs, Waage und Steinbock gehören zu den »kardinalen Zeichen«. Ihre Grundausrichtung ist aufbauend, formend, schöpferisch und richtungweisend.

Stier, Löwe, Skorpion und Wassermann sind »feste Zeichen«. Ihre Motivation ist fixierend, konzentriert, beharrlich und stabilisierend.

Zwillinge, Jungfrau, Schütze und Fische nennt man »veränderliche Zeichen«. Ihre Ausrichtung ist vor allem beweglich, lebhaft, ideenreich und anpassungsfähig.

Kernaussagen zu den zwölf Zeichen

Widder– Motto: »Ich mache!«
Antrieb durch den Willen, Dynamik, Durchsetzung, Tatkraft, Pioniergeist, Impulsivität, Ungeduld, Draufgängertum, Begeisterungsfähigkeit.
Besondere Beziehung zu Mars und zum 1. Haus.

Stier – Motto: »Ich erwerbe!«
Stoffliche Grundlagen, Sinnesfreude, Genuß, Realismus, Sicherheitsstreben, materielle Ausrichtung, Kraftreserven, Starrheit, Trägheit, Aufnahmefähigkeit.
Besondere Beziehung zu Venus und zum 2. Haus.

Zwillinge – Motto: »Ich kommuniziere!«
Beweglicher Geist, Austausch, Beweglichkeit, Kontaktfreude, Neugier, Vielseitigkeit, Reizhunger, Oberflächlichkeit, Anpassungsvermögen.
Besondere Beziehung zu Merkur und zum 3. Haus.

Krebs – Motto: »Ich fühle!«
Das seelisch Schöpferische, Fürsorglichkeit, Anschmiegsamkeit, Phantasie, Schutzbedürfnis, Unselbständigkeit, Launenhaftigkeit, Einfühlungsvermögen.
Besondere Beziehung zu Mond und zum 4. Haus.

Löwe – Motto: »Ich will!«
Konzentration des Willens, Lebensfreude, Selbstbewußtsein, Risikobereitschaft, Wärme, Kreativität, Eitelkeit, Selbstherrlichkeit, Beschützungsvermögen.
Besondere Beziehung zu Sonne und zum 5. Haus.

Jungfrau – Motto: »Ich analysiere!«
Stoffliche Grenzen, Konzentration auf Wesentliches, Nutzstreben, Arbeit, Vernunft, Gründlichkeit, Ordnungsliebe, Pedanterie, Kritik, Unterscheidungsvermögen.
Besondere Beziehung zu Merkur und zum 9. Haus.

Waage – Motto: »Ich gleiche aus!«
Lenkender Geist, Charme, Geselligkeit, Diplomatie, Harmoniestreben, Ausgewogenheit, Bequemlichkeit, Konfliktscheu, Verbindungsfähigkeit.
Besondere Beziehung zu Venus und zum 7. Haus.

Skorpion – Motto: »Ich engagiere mich!«
Träger seelischer Spannungen, Leidenschaftlichkeit, Transformationsprozesse, Instinkt, (Selbst-)Kritik, Extremismus, Defensive, Widerstandsfähigkeit.
Besondere Beziehung zu Pluto und Mars und zum 8. Haus.

Schütze – Motto: »Ich suche!«
Zielgerichteter Wille, Idealismus, geistige Ordnung, Freiheitsstreben, Expansion, Arroganz, missionarischer Dogmatimus, Zielstrebigkeit.
Besondere Beziehung zu Jupiter und zum 9. Haus.

Steinbock – Motto: »Ich leiste!«
Das stofflich Bewegende, Pflichtgefühl, Ehrgeiz, Belastbarkeit, Ausdauer, Starrköpfigkeit, Härte, Verantwortungsbewußtsein.
Besondere Beziehung zu Saturn und zum 10. Haus.

Wassermann – Motto: »Ich finde!«
Ordnung des Geistes, Ideenreichtum, Originalität, Reformbestrebungen, Provokationslust, Realitätsferne, Kühle, Individualismus.
Besondere Beziehung zu Uranus und zum 11. Haus.

Fische – Motto: »Ich glaube!«
Seelische Anteilnahme, Hilfsbereitschaft, Hingabe, Medialität, Mystik,

Beeinflußbarkeit, Illusionen, Suchtgefährdung, Einfühlungsvermögen. Besondere Beziehung zu Neptun und zum 12. Haus.

Diese Schlüsselbegriffe zu den Tierkreiszeichen gründen sich auf von mir bearbeiteten Texten der Astrodata-Horoskopkarten, die ich zusammen mit der Züricher Astrologin Monica Kissling entwickelt habe und auf die im Anhang gesondert hingewiesen wird.

Die Differenzierung der drei Dekaden

Die Gliederung der 30-Grad-Abschnitte der Zeichen des symbolischen Tierkreises in drei »Dekanate«, also Unterabschnitte von jeweils 10 Grad, hilft, besser zu verstehen, warum zum Beispiel Mars im Krebs nicht gleich Mars im Krebs ist. Wie sich die Planetenkräfte auswirken, wird nicht nur das Zeichen allgemein bestimmt, sondern speziell auch durch die »Färbung« des jeweiligen Zeichenabschnitts, in dem sich der betreffende Planet befindet.
Halten wir uns zunächst vor Augen, daß unter den zwölf Tierkreiszeichen vier Elemente vertreten sind, nämlich Feuer = Kraft, Erde = Beharrung, Luft = Austausch und Wasser = Anpassung.
Widder, Löwe und Schütze sind Feuerzeichen. Ihre jeweiligen »Planetenherrscher« sind Mars, Sonne und Jupiter.
Stier, Jungfrau und Steinbock sind Erdzeichen; ihre Herrscher sind Venus, Merkur und Saturn.
Zwillinge, Waage und Wassermann sind Luftzeichen. Sie werden jeweils von Merkur, Venus und Uranus »regiert«.
Krebs, Skorpion und Fische sind Wasserzeichen, die jeweils von Mond, Pluto und Neptun beherrscht werden.
Die 1. Dekade eines Zeichens – also von 1° bis 10° – wird vom »Planeten-Herrscher« dieses Zeichens bestimmt. Die 2. Dekade – von 10° bis 20° – wird vom Planetenherrscher des nächsten Zeichens in der jeweiligen Elemente-Dreiheit beeinflußt. Die 3. Dekade schließlich wird vom Planetenherrscher des dritten Zeichens der jeweiligen Elemente-Dreiheit »regiert«. Daraus ergibt sich folgende Übersicht.

Widder	1°–10°	= Die Marskraft wirkt in diesem Abschnitt.
Widder	10°–20°	= Die Sonnenkraft ist hier besonders spürbar.
Widder	20°–30°	= Die Jupiterkraft beeinflußt diesen Abschnitt.
Stier	1°–10°	= Die Venuskraft ist hier deutlich ausgeprägt.

Stier	10°–20°	= Die Merkurkraft ist in diesem Abschnitt stark.
Stier	20°–30°	= Hier macht sich die Saturnkraft bemerkbar.
Zwillinge	1°–10°	= Die Merkurkraft ist stark.
Zwillinge	10°–20°	= Die Venuskraft herrscht vor.
Zwillinge	20°–30°	= Die Uranuskraft ist ausgeprägt.
Krebs	1°–10°	= In diesem Abschnitt ist die Mondkraft spürbar.
Krebs	10°–20°	= Hier überwiegt die Plutokraft.
Krebs	20°–30°	= Einfluß durch die Neptunkraft.
Löwe	1°–10°	= Die Sonnenkraft wirkt hier besonders.
Löwe	10°–20°	= Die Jupiterkraft macht sich bemerkbar.
Löwe	20°–30°	= Die Marskraft wird hier spürbar.
Jungfrau	1°–10°	= Deutlicher Vorrang von Merkurkraft.
Jungfrau	10°–20°	= Merklicher Einfluß von Saturnkraft.
Jungfrau	20°–30°	= Spürbare Wirkung von Venuskraft.
Waage	1°–10°	= In diesem Abschnitt wirkt Venuskraft.
Waage	10°–20°	= Hier herrscht Uranuskraft vor.
Waage	20°–30°	= In diesem Abschnitt ist Merkurkraft deutlich.
Skorpion	1°–10°	= Einfluß durch Plutokraft.
Skorpion	10°–20°	= Vorrang von Neptunkraft.
Skorpion	20°–30°	= Wirkung von Mondkraft.
Schütze	1°–10°	= Hier macht sich Jupiterkraft bemerkbar.
Schütze	10°–20°	= In diesem Abschnitt herrscht Marskraft.
Schütze	20°–30°	= Sonnenkraft wirkt hier spürbar.
Steinbock	1°–10°	= Saturnkraft regiert diesen Abschnitt.
Steinbock	10°–20°	= Hier überwiegt Venuskraft.
Steinbock	20°–30°	= In diesem Abschnitt herrscht Merkurkraft.
Wassermann	1°–10°	= Uranuskraft regiert in diesem Dekanat.
Wassermann	10°–20°	= Merkurkraft wirkt auf dieses Dekanat.
Wassermann	20°–30°	= Venuskraft herrscht hier vor.
Fische	1°–10°	= In diesem Abschnitt hat Neptunkraft Vorrang.
Fische	10°–20°	= Hier wirkt sich Mondkraft aus.
Fische	20°–30°	= Plutokraft wird spürbar.

An zwei Beispielen im Telegrammstil möchte ich Ihnen zeigen, wie sich die Berücksichtigung der Planetenkräfte, die in besonderer Weise auf ein bestimmtes Dekanat eines Zeichens wirken, in der Deutung niederschlagen könnte.

Mars im 1. Dekanat Krebs: Energie und Gefühlskraft (Mond)
Mars im 2. Dekanat Krebs: Energie und Machtstreben (Pluto)
Mars im 3. Dekanat Krebs: Energie und Verschmelzung (Neptun)

Mond im 1. Dekanat Steinbock: Gefühl und Prüfung (Saturn)
Mond im 2. Dekanat Steinbock: Gefühl und Harmoniestreben (Venus)
Mond im 3. Dekanat Steinbock: Gefühl und Verstand (Merkur)

Meiner persönlichen Auffassung nach sind die Dekanatseinflüsse durch die verschiedenen Planetenkräfte bei den individuellen »Schnelläufern« Sonne, Mond, Merkur, Venus, Mars sowie AC-DC und MC-IC offensichtlicher und spürbarer als bei den »Generationsplaneten« Jupiter, Saturn, Uranus, Neptun und Pluto.
Zusammenfassend können wir festhalten: das »Was«, die Kraft eines Planeten in einem Zeichen, welches das »Wie« charakterisiert, wird teilweise auch durch die Planetenkraft mit beeinflußt, die der Dekade entspricht, in welcher der Planet steht.

Eine Feinabstimmung in zwölf Unterabschnitten

Jedes Zeichen ist nach antiker Tradition nicht nur in drei Dekanate zu jeweils 10 Grad unterteilt, sondern noch stärker gegliedert, nämlich in zwölf Unterabschnitte von jeweils 2,5 Grad. In jedem Zeichen ist nämlich auch der gesamte Tierkreis ähnlich »angelegt«, wie in jeder Zelle eines Organismus die genetische Information des ganzen Körpers enthalten ist.
Die ersten 2,5 Grad sind also zusätzlich zur eigentlichen Charakteristik des jeweiligen Zeichens durch Merkmale des Zeichens Widders »gefärbt«, die zweiten 2,5 Grad durch das Zeichen Stier, und so fort bis zum letzten Abschnitt, der zusätzlich zur Eigencharakteristik auch vom Zeichen Fische gefärbt wird. Als Erleichterung zum Nachschlagen wieder eine Übersicht.

0° – 2,5° = Widdermerkmale
2,5° – 5° = Stierfärbung

5° – 7,5° = Zwillingecharakteristik
7,5° – 10° = Krebstönung
10° – 12,5° = Löwefärbung
12,5° – 15° = Jungfraumerkmale
15° – 17,5° = Waagetönung
17,5° – 20° = Skorpioncharakteristik
20° – 22,5° = Schützefärbung
22,5° – 25° = Steinbockmerkmale
25° – 27,5° = Wassermanncharakteristik
27,5° – 30° = Fischetönung

Wieder zwei Beispiele. Ein Aszendent bei 1 Grad Jungfrau sollte nicht nur nach dem Zeichen Jungfrau = analytisch, ordentlich, mental wach etc. – gedeutet werden, sondern wir sollten auch bedenken, daß die vorwärtsdrängende, mutige, pionierhafte und bisweilen ungeduldige Widdercharakteristik das Rollenspiel dieses Menschen färben kann.
Eine Sonne bei 24 Grad Löwe wird sich keineswegs so glänzend darstellen, wie wir es vielleicht bei diesem Sonnenstand erwarten würden. Vielmehr beeinflussen Steinbockmerkmale das Selbstgefühl so, daß man meint, sich alles schwer erarbeiten und meist öffentliche Anerkennung entbehren zu müssen.
Sie haben mit dieser Einteilung eine interessante Methode und ein zusätzliches Instrument, um sich und andere Menschen astrologisch noch besser zu verstehen. Sicher macht es Ihnen auch Spaß, einzelne Planeten daraufhin zu untersuchen, in welches Dekanat und in welchen Unterabschnitt sie fallen. Lesen Sie die Schlüsselworte nach und »experimentieren« Sie mit den sich ergebenden Deutungskombinationen. Nehmen Sie dabei nichts ungeprüft an, und verlassen Sie sich eher auf Ihr eigenes Urteil als auf allgemeine Interpretationsregeln.

Was stellen die zwölf Häuser dar?

Allgemeine Deutungen

Die zwölf Häuser oder Felder sollen im Rahmen der Horoskopdeutung die Frage nach dem Lebensbereich beantworten, in dem sich Kräfte (Planeten) auf eine typische Weise (Zeichen) auswirken. Während die Planeten also die Kräfte symbolisieren, das »Was«, und die Zeichen die charakteristische Färbung, das »Wie«, bezeichnen die Häuser das »Wo«, in dem sich »Was« und »Wie« abspielt. Sie geben Aufschluß darüber, in welchem Lebensbereich des Alltags sich die Kräfte auswirken.
Die Häuserstellung hängt vom möglichst minutengenau festgestellten Zeitpunkt sowie dem Ort der Geburt ab. Danach werden der sogenannte Aszendent und die zwölf Häuser errechnet. Wenn Sie Ihren Aszendenten und die Häuserstellungen noch nicht wissen, können Sie eine Ausrechnung bei einem astrologischen Computerdienst anfordern. Dazu finden Sie ein Bestellformular am Ende des Buches.
Die Kurzdeutungen zu den zwölf Häusern lehnt sich an die Texte für die Astrodata-Horoskopkarten an, die der Verfasser mitentwickelt hat. Hinweise dazu siehe ebenfalls im Anhang.

1. Haus
Thema: »Wie trete ich auf?«
Ich, Persönlichkeit, Rollenspiel, Selbstdarstellung, aber auch die »Maske«, die körperliche Erscheinung und unsere physische Vitalität werden von diesem Haus symbolisiert. Die Anlagen des Menschen und die Gegenwart des Lebens, die Art und Weise, etwas anzugehen, stehen im Mittelpunkt. Dieses Haus hat auch einen Bezug zum Zeichen Widder sowie zum Planeten Mars.

2. Haus
Thema: »Was sind meine Werte?«
Eigentum, Besitz und Werte, sowohl innere, geistige als auch äußere, materielle sind in diesem Haus angesprochen. Talente, das Selbstwertgefühl, die verfügbaren Mittel, unsere stärksten Wünsche und Begabungen sowie Geldangelegenheiten, das Geben und Nehmen allge-

mein, spielen eine Rolle. Hier gibt es Verbindungen zum Zeichen Stier und zum Planeten Venus.

3. Haus
Thema: »Wie gehe ich mit Aufmerksamkeit um?«
In diesem Haus dreht sich alles um den Werdegang, die nähere Umgebung, um Nachbarn, Geschwister. Auch kurze Reisen und Briefe, Kommunikation allgemein und somit auch Wissen und Sprache sind wichtig. Vielseitigkeit, Einstellung auf die Umwelt, Alltag sind weitere Schlüsselworte. Das Zeichen Zwillinge und der Planet Merkur spielen für das dritte Haus eine wichtige Rolle.

4. Haus
Thema: »Wo finde ich Geborgenheit?«
Unsere Wurzeln, das »Wir«, die Familie, die geographische oder spirituelle Herkunft, der biologische oder geistige Ursprung, unsere Kindheit, Tradition, die innere oder äußere Heimat, Heim, Haus, Innenleben, Privatbereich, Grundbesitz, der Lebensabend, unsere Vergangenheit und auch die Eltern gehören zum Themenkreis dieses Hauses. Es gibt eine starke Beziehung zum Zeichen Krebs und zum Mond.

5. Haus
Thema: »Wie lebe ich schöpferisch?«
Zu diesem Lebensfeld zählen (Er-)Zeugung, Lebensfreude, Kinder, Kreativität, Erotik, romantische Liebe und Affären, Liebhabereien, Spiel, Freizeit, Spekulation. Hier haben wir es mit einer besonderen Verbindung zum Zeichen Löwe und zur Sonne zu tun.

6. Haus
Thema: »Wo mache ich mich dienlich?«
In diesem Haus versuchen Astrologen Hinweise auf Arbeit, Arbeitsplatz, Alltag, Existenzsicherung, sozialen Dienst, Notwendigkeit zur Anpassung, Gesundheit, Ernährung, Dienen und auch Prüfungen zu erkennen. Das Zeichen Jungfrau und der Merkur gehört hierhin.

7. Haus
Thema: »Bei wem finde ich meine Ergänzung?«
In diesem »Partnerhaus«, das am Deszendenten, also gegenüber dem Aszedenten, liegt, stehen folgende Kernbereiche des Lebens im Mittelpunkt: das persönliche »Du«, sowohl in der intimen Partnerschaft als auch in anderen, familiären oder beruflichen sowie freundschaftlichen

Beziehungen, das Zusammenleben mit einem anderen Menschen schlechthin, die Suche nach Ergänzung, Du-Bezogenheit, die 1. Ehe, auch persönliche Abhängigkeiten und Verträge aller Art, die zwischen zwei Personen geschlossen werden. Das Zeichen Waage und der Planet Venus gehören zu diesem Haus.

8. Haus
Thema: »Wie muß ich mich wandeln?«
Das ewige »Stirb und Werde« findet in diesem Haus seinen archetypischen Ausdruck, die Ich-Krise, Tod und Wiedergeburt, Verluste oder das, was wir dafür halten, Prüfungen, auch Regeneration, Erbe, gemeinsamer Besitz bzw. Verbindlichkeiten sowie Investitionen, aber auch Sexualität und Macht gelten als wesentliche Schlüsselworte für das 8. Haus. Das Zeichen Skorpion und der Transformationsplanet Pluto sind ihm verwandt.

9. Haus
Thema: »Wo finde ich meinen Sinn?«
Ideale und geistige Ziele, neue Horizonte, Religion, Gottesbild, Wahrheitssuche, Freiheitsstreben, Gesetz, große Projekte, fernes Ausland, ein weit gespannter Austausch, bisweilen auch dogmatische Tendenzen finden in diesem Haus ihren Niederschlag. Die 2. Ehe wird nach dem 9. Haus gedeutet. Hier gibt es auch eine besondere Beziehung zum Zeichen Schütze und zum Planeten Jupiter.

10. Haus
Thema: »Wie werde ich erfolgreich?«
Idealtypisch fällt der MC und der Zenith, die »Himmelsmitte«, in das 10. Haus. Damit sind der außen sichtbare »Erfolg«, unser Beruf und die Berufung, unsere persönliche Entfaltung, das öffentliche Auftreten bzw. die Öffentlichkeit, Autorität und unsere Karriere, Selbstverwirklichung in der Gesellschaft, Prestige, Anerkennung und Stellung gekennzeichnet. Es gibt eine starke Beziehung zum Zeichen Steinbock und zum Planeten Saturn.

11. Haus
Thema: »Wo finde ich Inspiration?«
In diesem Abschnitt geht es um unsere Hoffnungen und Wünsche, um den Freundeskreis, Gruppen bzw. die Gemeinschaft allgemein, aber auch um die Spannung zwischen persönlicher Freiheit und sozialem Denken, um Reformstreben und Zukunftsvisionen, um den »Zeit-

geist«. Man deutet eine 3. Ehe nach diesem 11. Haus. Das Zeichen Wassermann und der Planet Uranus sind diesem Lebensfeld verwandt.

12. Haus

Thema:« Wie finde ich Erlösung?«

Im 12. Haus finden wir einen symbolischen Abschluß, die Vollendung einer Lebensphase. Damit steht es für die Innenwelt, das Jenseits, für Verborgenes, für Mystik und Meditation, aber auch das Gebet. Es geht sowohl um die Auflösung von Grenzen als die Sehnsucht nach Verschmelzung, um Opferbereitschaft, um »Rückzug« in die Stille. In diesem Haus wird auch der Keim für die Zukunft gelegt, und es gilt manchmal im Geburtshoroskop als Bereich des Karmas, das Grundlage für dieses Leben ist. Traditionell kommt das 12. Haus bei vielen Astrologen schlecht weg als Bereich der Schatten, Behinderungen und verborgenen Feinde. Eine einseitige Negativbesetzung halte ich für fragwürdig. Das Zeichen Fische und der Planet Neptun besitzen eine besondere Beziehung zum 12. Haus.

Die 1., 4., 7. und 10. Häuser kann man analog den drei Motivationen oder Grundausrichtungen bei den zwölf Tierkreiszeichen auch als »aufbauende« Häuser bezeichnen. Sie beziehen sich auf Bereiche des Lebens und persönlichen Einsatzes, in denen es um aktiven Neuanfang und schöpferischen Aufbau geht.

Die 2., 5., 8. und 11. Häuser symbolisieren in dieser Systematik Lebensfelder, in denen wir unsere Tätigkeiten und Interessen vertiefen und bewahren.

In den 3., 6., 9. und 12. Häusern geht es dann um Besinnung, Vollendung und möglicherweise Vorbereitung zur Veränderung oder Auflösung.

Das Problem der verschiedenen Häusersysteme

Es gibt unterschiedliche Methoden, wie man Häuser berechnet. Allen gleich ist lediglich die Angabe für die beiden Hauptachsen Aszendent-Deszendent und MC-IC. Die meisten Häusersysteme ergeben »inäquale = ungleiche« Häuser; manche Häuser können ziemlich klein sein und umfassen vielleicht nur 5 Grad, andere sind ganz groß und umspannen 65 Grad und mehr. Vor allem in nördlichen Breiten, bereits auf der Höhe von Oslo zum Beispiel, kommt es zu solchen Verzerrungen der Häusergrößen.

Nach der traditionellen Bewertung der zwölf Häuser als typische Lebensbereiche hieße das dann, daß Menschen mit einem solchen Horoskop vielleicht ein winziges Partner- oder Berufshaus, ein riesiges Gesundheits- oder Selbstfindungshaus haben, usw. Daraus folgt weiterhin, daß Planeten nur eine geringe »Chance« haben, in die Minihäuser zu fallen, während die Maxihäuser voller Planetenakzentuierungen sein können.
Weiter kann ich an dieser Stelle nicht in diese umstrittene Thematik einsteigen; aber aus dem Gesagten sowie einer Reihe zusätzlicher Argumente ergibt sich für den Verfasser, daß es am meisten Sinn macht, mit »äqualen = gleich großen« Häusern zu arbeiten. Dabei ist jedes Haus 30 Grad groß. Diese Meinung vertritt mit eine Fülle fundierter Begründungen übrigens auch Bernd A. Mertz (siehe auch Literaturhinweise im Anhang).
Johannes Vehlow meinte darüber hinaus übrigens, daß der Aszendent nicht der Anfang des 1. Hauses ist, sondern die Mitte bestimmt. Er sah alle sogenannten Häuserspitzen als Markierungen der jeweiligen Häusermitte, so daß sich danach das Haus jeweils 15 Grad links und rechts von dieser Markierung erstreckt.
Ich arbeite also mit gleich großen Häusern von jeweils 30 Grad. Und wenn ein Planet zum Beispiel 2–3 Grad über dem Aszendenten steht, und ein anderer 2–3 Grad vor dem MC, bewerte ich diese Planeten als wirksam auf das 1. Haus und nicht auf das 12., bzw. auf das 10. Haus und nicht auf das 9.
Aber wie immer: Bitte experimentieren Sie selbst, und gewinnen Sie eigene Erfahrungen, damit Sie sich im Laufe der Zeit ein selbständiges Urteil bilden können.

Die »dreifache Häusereinteilung« mit den »Sonnenhäusern«

Altmeister Johannes Vehlow benutzte und propagierte die sogenannte »dreifache Häusereinteilung«. Dabei wird das Horoskop auf drei Häusereinteilungen hin gedeutet:

1. Das normale Häusersystem, bei dem der Aszendent das 1. Haus bestimmt, und dann in einem 30-Grad-Abstand alle weiteren bis zum 12. Haus folgen.
2. Das »mundane« Häusersystem, bei dem das Zeichen Widder gleichzeitig das 1. Haus ist, Stier das 2., und so fort bis zu den Fischen, die das 12. Haus kennzeichnen.

3. Die »Sonnenhäuser«, wobei die Sonne die Mitte des 1. Hauses markiert. Vom Sonnenstand ausgehend, addiert man jeweils 30 Grad und erhält so die Mitte des 2. Hauses, und so fort, bis zum 12. Haus.

Die dreifache Häusereinteilung erfüllt mehrere Zwecke. Zum einen »erhärten« sich Aussagen, wenn sie nicht nur nach einer, sondern nach zwei oder gar drei Einteilungen eine Bestätigung finden. Zum anderen können die Mundan- und die Sonnenhäuser auch in den Fällen verwendet werden, in denen der Aszendent nicht bekannt ist, zum Beispiel weil die Angabe der Geburtszeit fehlt.
Sehen wir uns ein Beispiel an:
Die Sonne steht bei 10° Waage, der Aszendent bei 2° Fische.
Der Mond soll in diesem Beispiel bei 5° Stier stehen.
Das 1. Haus nach der üblichen Berechnung beginnt mit dem Aszendenten bei 2° Fische und geht im äqualen System bis 2° Widder. Das 2. Haus reicht von 2° Widder bis 2° Stier. Und so weiter, bis zum 12. Haus, das sich von 2° Wassermann bis 2° Fische erstreckt.
Das 1. Sonnenhaus beginnt bei 10° Waage und endet bei 10° Skorpion.
Das 2. Sonnenhaus geht von 10° Skorpion bis 10° Schütze. Und so fort bis zum 12. Sonnenhaus, das von 10° Jungfrau bis 10° Waage reicht.
Nach der Mundaneinteilung ist das 1. Haus mit dem Abschnitt Widder identisch, das 2. Haus mit dem Abschnitt Stier, und so fort bis zum 12. Haus, das sich über den Abschnitt Fische erstreckt.
Nach der üblichen Häuserberechnung steht der Mond am Anfang des 3. Hauses, das im Zeichen Stier beginnt.
Nach der Einteilung nach Sonnenhäusern kommt der Mond ins 7. Haus.
Und der Mond fällt in diesem Beispiel in das 2. Mundanhaus, das mit dem Abschnitt Stier identisch ist.
Der Mond müßte also nach der »dreifachen Häusereinteilung« dreifach gedeutet werden – als wirksam für Angelegenheiten des 3., 7. und 2. Hauses. Es würde sich demnach um Gefühle und Empfindungen handeln, die durch die nähere Umwelt, den Alltag und durch Nachbarn oder Geschwister beeinflußt werden (3. Aszendentenhaus). Dieses Seelenleben ist indes vom Lebenskern der Persönlichkeit, vom Streben nach Selbstverwirklichung her auf eine Erfüllung bzw. Ergänzung in einer persönlichen Partnerschaft gerichtet (7. Sonnenhaus). Rein äußerlich betrachtet, zum Beispiel aus der Sicht Unbeteiligter, schlägt sich das Gefühlsleben indes im Bereich von Werten oder Besitz bzw. Geldangelegenheiten nieder (2. Mundanhaus).
Falls man den Mond in einer Deutungsvariante auf die Mutter bezieht,

wären in diesem Beispiel u. a. folgende Überlegungen anzustellen: Die Mutter betrachtet(e) den Horoskopinhaber vor allem durch die Brille der Nachbarn bzw. der Umwelt, obwohl sich das Kind nach einer direkten persönlichen Beziehung sehnte, ohne Umwege über »Dritte«; als Beweis von Zuwendung galt finanzielle Unterstützung.
Wohlgemerkt, das sind konstruierte und isolierte Kurzdeutungen, die nur dazu dienen, die Chancen einer Deutung nach der dreifachen Häusereinteilung exemplarisch aufzuzeigen.

Astrologische Deutungen zur Sonne

Die Sonne in den zwölf Zeichen des Tierkreises

Man könnte zum Thema Sonne in den Zeichen ein dickes eigenes Buch schreiben – und es gibt ja auch viele Bücher dieser Art. An dieser Stelle möchte ich Ihnen einige wesentliche, prägnante Schlüsselworte und Merksätze mit auf Ihren astrologischen Weg geben, die quasi als »Einstieg« in das Horoskop dienen. Sie gelten als Anhaltspunkt und stellen keine Festlegung dar! Sie sollten diese Kerngedanken mit den Hinweisen auf die Sonne in den zwölf Häusern und in Aspekten zu anderen Planeten sinnvoll kombinieren und austarieren. Als Hilfe dazu eignen sich sehr gut die Astrodata-Horoskopkarten.
Die Hinweise unter dem Stichwort Gesundheit sind lediglich als Anhaltspunkte gemäß den Entsprechungslehren der Astrologie gedacht. Wer an mehr Informationen über natürliche Gesundheit interessiert ist: der Verfasser hat als Koautor u. a. »Die sieben Heiler« geschrieben (erscheint im Frühling 1994 als Taschenbuch im Heyne Verlag), »Natürliche Umweltmedizin« (Bauer Verlag Freiburg) und »Die richtige Schwingung heilt« (Goldmann Taschenbuch). Speziell zum Thema Astromedizin hat der bekannte Astrologe Bernd A. Mertz ein Standardwerk vorgelegt (Ariston Verlag München–Genf).
Die nachstehenden Ausführungen sind nicht nur für den Sonnenstand in einem Zeichen gültig, sondern treffen oft, zumindest teilweise auch für den Aszendenten zu. Anhand der Aszendententabelle weiter hinten im Buch können Sie diesen heraussuchen und die betreffende Beschreibung ebenfalls lesen. Auf Berufshinweise, wie sie oft üblich sind, habe ich bewußt verzichtet, weil mir darin eine Einengung zu liegen scheint. Es geht bei den Zeichen, wie anfangs erwähnt, um das »Wie«, nicht das »Was«. Das »Was« ist die Sonnenkraft, der Lebenskern, der sich nun in zwölf »Färbungen« zeigt.

Die Sonne im Zeichen Widder

Kernsatz
Ich mache mich mit Mut auf meinen Weg.

Stärken
Zu den Stärken dieses Sonnenzeichens zählen ein ausgeprägtes Selbst-

bewußtsein, Tatendrang, Zielbewußtsein, Pioniergeist, Tapferkeit und Einsatzbereitschaft, Wachheit und Direktheit.

Schwächen
Voreiligkeit oder Übereifer, Rücksichtslosigkeit gegenüber anderen Menschen, riskantes Verhalten, womit sie sich selbst in Gefahr bringen, gehören zu den Schwächen.

Gesundheit
Tendenz zu Kopfverletzungen und Kopfschmerzen (vielleicht weil zu wenig Wasser getrunken wird, siehe Hinweis auf Nieren unter dem Zeichen Waage), Schnittwunden und Verbrennungen (vor allem, wenn Mars auch im Widder steht oder sich im Quadrat oder in Opposition zur Sonne befindet). Es wäre sinnvoll, unnötige körperliche Risiken, vor allem für den Kopfbereich, bewußt zu vermeiden lernen; bei Kopfschmerzen helfen oft genügend gutes Trinkwasser (2 Liter pro Tag!), fleischlose Ernährung und Entspannungs- oder Meditationsübungen.

Lebensaufgabe
Nutzen Sie Ihren Elan und Ihre Einsatzfreude für Ziele, die sich wirklich lohnen. Nehmen Sie sich also wenigstens kurz Zeit, innezuhalten und zu überlegen, bevor Sie sich mit voller Kraft »ins Zeug« legen. Und denken Sie bei aller Begeisterung und Entschlossenheit daran, daß Sie am meisten Erfolg haben können, wenn die Interessen aller Beteiligten berücksichtigt werden.

Die Sonne im Zeichen Stier

Kernsatz
Ich erwerbe mir Substanz und Werte, um das Leben zu genießen.

Stärken
Hier sind zu nennen Besonnenheit, Gutmütigkeit, Humor, Klarheit, Standhaftigkeit, Ausdauer, künstlerische Veranlagung, Formensinn, Wertbewußtsein, Gestaltungskraft, praktische Talente, Genußfreude.

Schwächen
Genußsucht, Neigung zum konservativen Dogmatismus, Sturheit und überzogene Schätzung materieller Werte sind die Schattenseiten.

Gesundheit
Hals, Nacken, Drüsen und Sexualorgane werden traditionell als am ehesten krankheitsanfällig für Stiergeborene genannt.

Lebensaufgabe
Prüfen Sie, welche Werte von Dauer sind und über genügend Substanz verfügen, um Ihre Selbstentfaltung sinnvoll zu unterstützen und nicht nur Ihre Genußfreude zu befriedigen. Wenn Sie den Prozeß von Nehmen und Geben, also den stetigen Austausch von Lebenskräften in Form von materiellen und geistigen Energien und Besitztümern im Fluß und im Gleichgewicht halten, werden Sie Ihren eigenen Talenten gerecht und fördern gleichzeitig die Gaben anderer Menschen.

Die Sonne im Zeichen Zwillinge

Kernsatz
Ich kommuniziere, um mich auszudrücken und bewußter zu werden.

Stärken
Geistige Beweglichkeit und schnelles Handeln, Gewandtheit in Ausdruck und Umgang, Lebhaftigkeit, Anpassungsfähigkeit und Freude an Möglichkeiten, sich am Leben zu beteiligen, sind wichtige Stärken.

Schwächen
Schwankende Neigungen und Ansichten, Ruhelosigkeit und Zersplitterung von Aufmerksamkeit und Engagement in zu vielen Angeboten stellen Schattenseiten dar.

Gesundheit
Nervliche Belastungen treten hier häufiger auf als sonst; Anfälligkeit für Schwierigkeiten mit den Atemwegen und den Lungen; unter Umständen psychosomatisch bedingte Symptome, wenn die Lebensumstände als zu einengend und bedrückend empfunden werden. Das Element Luft braucht viel Bewegung und reichen Austausch.

Lebensaufgabe
Nutzen Sie Ihr Interesse an Neuem und Ihre natürliche Aufnahmefähigkeit, um sich ein vielseitiges und umfassendes Bild vom Leben zu machen, und kommunizieren Sie mit anderen. Dabei gilt es die Versuchung zur nur oberflächlichen Betrachtung zu vermeiden und tiefer

und beharrlicher zu schürfen mit Ihrem Wissensdurst, bis Sie auf wirkliche Weisheit stoßen.

Die Sonne im Zeichen Krebs

Kernsatz
Ich fühle die schöpferischen Lebenskräfte in mir und in der Welt.

Stärken
Gefühlsreichtum und Gemütstiefe, Feinfühligkeit und Phantasie, Häuslichkeit und Familiensinn, Empfänglichkeit und die Bereitschaft, Menschen zu umsorgen, sind Stärken dieses Sonnenzeichens.
Ob ein Anlehnungsbedürfnis – oder, bei schwieriger Aspektierung, die rationale Ablehnung dieses inneren Gespürs – eine Stärke oder Schwäche ist, wird von Fall zu Fall einzeln einzuschätzen sein.

Schwächen
Bequemlichkeit, starke Beeinflußbarkeit, Unentschlossenheit, jähe Stimmungswechsel und launisches Verhalten sowie bei problematischen Aspekten ein karger Gefühlsausdruck tauchen als Schwächen auf.

Gesundheit
Astrologen nennen Verdauungsstörungen, vielleicht auch Magengeschwüre. Eventuell läßt die Sonnenstellung im Verhältnis zu anderen Planeten hier auch Rückschlüsse auf die Befindlichkeit der weiblichen Sexualorgane zu.

Lebensaufgabe
Entwickeln Sie Ihre echten emotionalen Qualitäten, mit denen Sie nicht nur eigene, sondern auch die Bedürfnisse vieler Menschen zumindest teilweise stillen und diese Erde zu einem besseren Ort machen können. Sie bedürfen dabei aber der bewußten, auch verstandesmäßigen Unterscheidungskraft, um nicht in (Selbst-)Mitleid aufzugehen und/oder emotionale Verausgabung bzw. Verhärtung aufgrund von Ent-Täuschungen zu erleben.

Die Sonne im Zeichen Löwe

Kernsatz
Ich will das ganze Leben souverän und voller Freude genießen.

Stärken
Zu den lichten Seiten zählen Selbstbewußtsein, Aufstieg aus eigener Kraft, Selbstbehauptung, Ehrgefühl und Wahrheitsliebe, Ehrgeiz und natürliche Autorität, Beschützerinstinkt, Sinn für Verantwortung, Herzenswärme und schöpferische Einsatzkraft. Die diesem Sonnenzeichen oft gegebene Großzügigkeit kann sowohl eine Stärke wie eine Schwäche sein, weil ein gutmütiger Löwe häufig ausgenutzt wird bzw. aus Fülle und Überschwang heraus mehr gibt, als er zurückerhält. (Karmisch betrachtet gleicht sich natürlich alles immer aus!)

Schwächen
Ungerechtfertigter Stolz, pompöse Selbstinszenierung, Imponiergehabe, manchmal auch (ungewollte) Rücksichtslosigkeit gegenüber den Bedürfnissen anderer Menschen sind Schwächen.

Gesundheit
Herz- und Rückenprobleme sind geradezu charakteristisch für typische »Löwen« mit der Sonne in diesem Zeichen. Bei Rückenproblemen hilft oft die Alta-Major-Methode meiner lieben Bekannten Divo Koeppen-Weber aus München. Es gibt ein Einführungs- und Therapievideo von ihr zu diesem Thema (Bauer Verlag Freiburg).
Auch bei Schwierigkeiten mit dem Herzen kann ich neben der notwendigen naturheilkundlichen Diagnose und Therapie Meditation zur tiefgreifenden Heilunterstützung wärmstens empfehlen.

Lebensaufgabe
Nur wenn Sie den Menschen dienen, können Sie Ihre Fähigkeiten und Gaben an schöpferischer Kraft, Organisationstalent und überpersönlichem Mitgefühl (nicht Mit-Leid!) sinnvoll einsetzen. Der beste und wahre Herrscher ist derjenige, welcher der beste und wahrste Diener ist.

Die Sonne im Zeichen Jungfrau

Kernsatz
Ich analysiere, um die Faktoren im Leben richtig zu bewerten.

Stärken
Sorgfalt, Genauigkeit, methodisches Vorgehen, Ordentlichkeit, tiefschürfender Wissensdurst, Selbstbeschränkung, Fleiß, Unterscheidungskraft, Sparsamkeit und Ernsthaftigkeit sowie die Gabe, mit wenigem zufrieden zu sein, können wir als Stärken ansprechen.

Schwächen

Hier müssen wir Pedanterie, Kritiksucht und Verzettelung in Einzelheiten nennen sowie unter Umständen Kargheit bis zum Geiz.

Gesundheit

Darmprobleme, die oft von (unnötigen) Sorgen um Details verursacht werden; daraus kann auch Rheuma und Gicht entstehen, vor allem wenn sehr fleischreich gegessen wird. Insgesamt zählt der Bauch mit Eingeweiden und Verdauungsorganen zum Zeichen Jungfrau.

Lebensaufgabe

Lassen Sie sich nicht von einer Neigung zur ständigen, zwar sachlich-richtigen, aber doch kritisch-analytischen Bewertung Ihrer Umwelt und Ihrer selbst den Blick dafür verstellen, daß Sie von Ihrem Wesenskern her die Aufgabe und die Möglichkeit haben, das schöpferische Licht in allen Lebensformen zu sehen. Sie können und sollten den Schritt zum inneren Menschen, zur Seele vollziehen.

Die Sonne im Zeichen Waage

Kernsatz

Ich gleiche Gegensätze aus, damit alle in Harmonie leben.

Stärken

Wir finden Harmoniestreben, Kunstsinn und ästhetisches Empfinden allgemein, ein charmantes und gewinnendes Wesen, Freude an Geselligkeit, sympathisches Auftreten und die Fähigkeit, sich um Ausgleich zu bemühen, als Stärken dieses Sonnenzeichens. Besonders ausgeprägt sind Einsatz für die Partnerschaft und Liebesfähigkeit.

Schwächen

Mangelnde Ausdauer und Beharrlichkeit in der Durchsetzung als richtig erkannter Ziele oder Aufgaben, ein gewisser Hang zum Komfort, ohne den Einsatz zu erkennen, der dafür geleistet werden muß, sowie oft Unentschiedenheit bzw. Unentschlossenheit bezeichnen die weniger lichten Seiten des Sonnenstands in diesem Zeichen.

Gesundheit

Eine bekannte englische Astrologin sagt wörtlich: »Üblicherweise gesund, aber mit Neigung zu Kopfschmerzen und Nierenproblemen.« Ich hoffe und wünsche sehr, daß der erste Teil der Aussage zutreffen möge. Neben der Niere gehören auch Blase und Uterus, unter Umständen auch die Haut in der astrologischen Analogie zum Zeichen Waage. Bei Nierenproblemen ist neben dem Besuch eines kompetenten naturheilkundigen Behandlers wichtig, viel klare Flüssigkeit, also Wasser(!), zu trinken – am besten rund 2 Liter am Tag.

Lebensaufgabe
Partnerschaften, allgemein Beziehungen mit anderen Menschen, dienen dazu, unser Bewußtsein zu entwickeln, eigene Beschränkungen zu erleben und an uns selbst zu arbeiten. Sie haben die Chance, durch Ihre Partnerschaftsbeziehungen in Ihrem eigenen Leben die Gesetze des zwischenmenschlichen Ausgleichs zu erfahren und die Kraft zur Harmonie zu entfalten.

Die Sonne im Zeichen Skorpion

Kernsatz
Ich engagiere mich und kämpfe, um etwas Neues zu schaffen.

Stärken
Furchtlosigkeit, Leidenschaftlichkeit, persönlicher Magnetismus, enorme Einsatzbereitschaft und Leistungskraft, heilerische Fähigkeiten, Zähigkeit und Kampfkraft, um die Existenz zu sichern, charakterisieren dieses Sonnenzeichen.

Schwächen
(Grundlose?) Eifersucht, gelegentliche Selbstüberschätzung und eine Sucht nach ständiger Auseinandersetzung sowie überscharfe (Selbst-) Kritik sind als Schwächen zu nennen.

Gesundheit
Die Zeugungs- und Ausscheidungsorgane, aber nach Vehlow auch Prostata, Galle und teilweise der Darm zählen zu den Organen, die dem Zeichen Skorpion zugeordnet werden. Daher werden auch hier nach Astrologenmeinung am ehesten Gesundheitsstörungen auftreten. Es kann auch zu Rissen, Brüchen oder Abszessen kommen.

Lebensaufgabe
Wenn Sie Ihre Leidenschaftlichkeit und Ihre Passion für das Abenteuer Leben zügeln und auf das Ziel der Transformation der Ego-Persönlichkeit zur überpersönlichen Seele ausrichten können, dann erlangen Sie

den Zugang zur unerschöpflichen Quelle von Erfüllung und Sinn über alle begrenzten Ichkräfte hinaus. Das Zeichen Skorpion ist ein Doppelzeichen: der verteidigungs- und kampfbereite Skorpion am Boden, der sich durch das reinigende »Feuer« großer Krisen in den Göttervogel Phönix verwandelt, der aus der Asche zum Himmel emporsteigt.

Die Sonne im Zeichen Schütze

Kernsatz
Ich suche nach Zielen, die sich lohnen, und vertrete sie.

Stärken
Ein weitgesteckter geistiger Horizont, Idealismus, Güte, Begeisterungsfähigkeit, angeblich Liebe zur sportlichen Betätigung, Initiative, Entdeckermentalität, eine ehrenhafte Gesinnung, Freiheitsliebe, Gerechtigkeitsstreben und sowohl beruflicher als gesellschaftlicher Ehrgeiz, Sinn für Philosophie und religiöse Offenheit.

Schwächen
Bisweilen rennen sich diese Menschen fest: die Ideale werden dann zu fixen Ideen, Visionäre wandeln sich zu Dogmatikern. Die Freiheitsliebe kann ausarten in Ablehnung jeder Autorität.
Laut der Astrologin Isabel M. Hickey haben »Frauen (mit der Sonne) in diesem Zeichen Schwierigkeiten in Beziehungen mit Männern, weil es ihnen an Weiblichkeit mangelt. Sie wollen den Ton angeben und müssen lernen, feminin zu sein.« (Zitiert aus »Astrology – A Cosmic Science«, Seite 24, CRCS Publications, Sebastopol 1992.)

Gesundheit
Unfallneigung, wenn der Abenteuertrieb mit einem durchgeht; mentale und nervliche Überlastung (oder übertriebener Einsatz) mit daraus folgenden psychosomatischen Konsequenzen, zum Beispiel Hüftprobleme oder Muskelverspannungen. Leberanfälligkeit; also Vorsicht vor Alkohol und anderen Genußgiften, vor allopathischer Medizin sowie chemisch-allopathischen Zusätzen, die vor allem in Fleisch enthalten sind.

Lebensaufgabe
Versuchen Sie, eine gewisse »angeborene« Rastlosigkeit von einem irritierenden Faktor umzuwandeln zu einem gezielt eingesetzten Ansporn, Ihren Lebensweg zu finden. Lassen Sie sich von der ungeheuren Weite

und den vielen Möglichkeiten der geistigen Dimensionen nicht darin beirren, Ihre Suche nach dem Allerhöchsten fortzusetzen: der Selbsterkenntnis und der eigenen, unmittelbaren Erfahrung der Schöpferkraft, die in allem wirkt, der wahren Religion (= Rückverbindung).

Die Sonne im Zeichen Steinbock

Kernsatz
Ich leiste etwas, indem ich nutze, was mir zur Verfügung steht.

Stärken
Konzentrationsfähigkeit, Durchhaltevermögen, Wirklichkeitssinn, Festigkeit, Ehrgeiz, Fleiß, Bedachtsamkeit im Umgang mit schwierigen Situationen, Treue; diese Menschen behalten ihre Ziele immer vor Augen.

Schwächen
Vor allem in der Jugend Neigung zur Starrköpfigkeit und im Alter zur Sturheit; mitunter zu nüchtern und zu streng im Urteil; Übergewicht von äußerlich-materiellen Interessen.

Gesundheit
Neigung zu Rheuma oder orthopädischen Problemen. Zum Steinbock zählt man astromedizinisch auch Knie, Bänder, Gelenke und entweder das Knochengerüst oder die Nerven des Knochengerüstes (da gehen die Meinungen auseinander). Hone weist auch auf Hautprobleme, zum Beispiel Ekzeme, hin, die sich nach einem Nervenschock einstellen können (in »The Modern Text-Book of Astrology«, S. 76, Fowler Verlag, Romford, England, 1986).

Lebensaufgabe
Öffnen Sie sich bewußt auch für die schönen und leichten Seiten des Lebens, und lassen Sie ein Gleichgewicht entstehen zwischen der beruflichen, die Existenz sichernden Arbeit und den erstrebten Erfolgen einerseits und den musischen, gefühlsbetonten und seelischen Aspekten des Lebens andererseits. Sonst laufen Sie Gefahr, in sich zu »verhärten«.

Die Sonne im Zeichen Wassermann

Kernsatz
Ich finde neues Wissen in bislang unerforschten Gebieten.

Stärken
Ausgeprägte Beobachtungsgabe, schöpferische Vorstellungskraft und vielfältige Pläne und Ideen, Drang nach Unabhängigkeit, Intuition, zurückhaltender Selbstausdruck (im Gegensatz zum genau gegenüberliegenden Sonnenzeichen Löwe), dabei jedoch anpassungswillige Geselligkeit; gute Menschenkenntnis.

Schwächen
Zeitweise übertriebene Ablehnung von Grenzen und in der Gesellschaft und im zwischenmenschlichen Bereich üblichen gegenseitigen Abhängigkeiten; eventuell Revoluzzertum und anarchistisch gefärbte Auflehnung.

Gesundheit
Kreislaufstörungen, Krampfadern, Arterienverhärtung sowie Frakturen an den Unterschenkeln werden häufig im Zusammenhang mit diesem Sonnenzeichen erwähnt.

Lebensaufgabe
Richten Sie Ihren Wunsch nach Unabhängigkeit und Entdeckung »weißer Flecken« auf einen Bereich bzw. eine Tätigkeit, mit der Sie Brücken schlagen können in der Gesellschaft, zum besseren Verständnis von Menschen untereinander, in der Erarbeitung neuer Wissensgebiete oder durch neuartige Ideen und Erfindungen. Achten Sie darauf, daß Sie sich nicht durch gar zu große Eigenwilligkeit selbst blockieren.

Die Sonne im Zeichen Fische

Kernsatz
Ich glaube an die grundlegende Einheit allen Lebens.

Stärken
Einfühlungsvermögen, ein reiches Innenleben, starke Glaubenskraft, kreative und künstlerische sowie heilerische und »dienende« Talente und gleichzeitig zurückhaltender Ausdruck dieser Gaben; Sensibilität; mitunter mediale Gaben.
Das für dieses Sonnenzeichen charakteristische Mitgefühl kann rasch auch in Mit-Leiden umschlagen und ist daher wohl ambivalent.

Schwächen
Ein Hang zur Bequemlichkeit oder auch Nachlässigkeit; Menschen mit

der Sonne im Tierkreisabschnitt Fische träumen gern in den Tag hinein oder verlieren sich womöglich in esoterischen Phantastereien.

Gesundheit
Nervöse Störungen, Probleme mit der Verdauung und Anfälligkeit für Genußgifte und Nebenwirkungen von Medikamenten. Zum Zeichen Fische gehören traditionell Füße, Knöchel, Zehen, Lymphsystem (das neben Nieren und Leber am meisten mit Vergiftungen aller Art zu kämpfen hat!) und unter Umständen auch die Lungen.

Lebensaufgabe
Lassen Sie sich Ihre humanistischen und/oder spirituellen Interessen und Möglichkeiten nicht von anderen, unverständigen Menschen miesmachen. Glauben Sie an sich und Ihre eigene innere Wahrheit, aber legen Sie auch Einsatzbereitschaft und Beharrlichkeit dabei an den Tag, Ihre Wünsche bzw. Ziele zu verwirklichen und es nicht bei Träumen zu belassen!

Die Sonne in den zwölf Häusern der Lebensbereiche

Die Sonne im 1. Haus:
Der Pionier – Die Aufgabe ist Werden
Ehrgeiz, ein kämpferisches Wesen, Willenskraft, starke Austrahlung auf bzw. magnetische Anziehung für andere Menschen und selbstbewußter Optimismus kennzeichnen diese Sonnenposition meistens. Der Drang nach Anerkennung ist stark ausgeprägt. Energischer Einsatz, Enthusiasmus, Großzügigkeit, Führungswille und Mut gehören ebenfalls zur Sonne im 1. Haus.
Manchmal besteht ein Widerwille gegen fremde Autorität, und der Horoskopinhaber kann mit seinem »sonnigen Gemüt« und seinem selbstbewußten Verhalten gut und gerne anderen Menschen recht schnell auf die Nerven gehen.
Die Sonne im 1. Haus verheißt nach Toni Glover Sedgwick auch gute Gesundheit, ermahnt aber zur Mäßigung in allen Unternehmungen (nach »Planets: The Astrological Tools«, S. 24, Llewellyn, Stz. Paul, USA 1989).
Im Unterschied zu den meisten mir bekannten anderen Astrologen spricht Richard Vaughan interessanterweise davon, daß ein Mensch mit diesem Sonnenstand »niemals zu stark dazu ermutigt werden könnte, die ›Ich-zuerst‹-Haltung einzunehmen«. Immer »gibt es ir-

gendein Zögern dabei, sich der Herausforderung des eigenen Schicksals zu stellen. Der Horoskopinhaber mit der Sonne im ersten Haus tendiert zunächst dazu, sich zurückzuhalten und nicht vorwärtszudrängen, was er aber lernen muß zu tun. Er muß dazu (erst) ermutigt und/oder durch die Umstände gezwungen werden.« (Nach »Astrology in Modern Language«, Seite 55f, CRCS Publications, Sebastopol, USA, 1992) Ich habe das bislang zwar noch nicht allgemein bestätigt gefunden, vielmehr scheint mir die Sonne im 1. Haus eher auf eine »Jetzt-komm-ich«-Attitüde hinzuweisen. R. Vaughan gilt aber gerade in bezug auf die Häuserinterpretation in den USA als ein führender Astrologe, weshalb ich seine Meinung auch gern mit vorstelle. Vielleicht findet sich ja die/der eine oder andere Leser/in in seiner Beschreibung endlich einmal wieder.

Die Sonne im 1. Haus symbolisiert auf jeden Fall die Herausforderung an den Horoskopinhaber, in diesem Leben den Wesenskern seiner Persönlichkeit und sein Auftreten in der Welt sowie seine Betrachtung der Umwelt in eine harmonische und schöpferische Übereinstimmung zu bringen.

Die Sonne im 2. Haus:
Der Händler – Die Aufgabe ist Entwickeln

Bei Sonnenstellung ohne problematische Spannungen wird mit Sonne im 2. Haus die Gabe angezeigt, Geld, Geschenke und Werte ganz allgemein anzuziehen, damit umzugehen, sie auszutauschen. Das ständige Nehmen und Geben wird als lustvoller Vorgang erfahren.

Man erhält dabei in dem Maße, wie man selber gibt.

Man sagt Menschen mit diesem Sonnenstand nach, daß sie einen »grünen Daumen« hätten und nicht nur eine gute Hand in bezug auf das Wachstum von Pflanzen besitzen, sondern auch beim Aufbau eines Geschäfts, einer Familie oder eines guten Rufes. Auch Gewinne durch eine hohe Stellung, Liebe zum Luxus und Großzügigkeit gehören hierher.

Bei kritischer Sonnenstellung hegt der Horoskopinhaber leicht die Sorge, es könnten nicht genügend Ressourcen zur Verfügung stehen, und deshalb meint er vielleicht, schnell und nachhaltig und immer wieder zugreifen zu müssen, was schließlich zu einer rein materialistischen Einstellung führen kann. Auch extravagante Geldverschwendung oder Verluste zählen zu den möglichen Schattenseiten.

Die Aufgabe dieser Hausposition der Sonne besteht darin, herauszufinden, welche Werte sich tragfähig erweisen und wie der Horoskopinhaber den Prozeß von Geben und Nehmen so gestalten kann, daß er an

Substanz gewinnt, ohne andere Menschen dabei zu schädigen. Spirituelle Sicherheit ist letztlich immer von sehr viel längerer Dauer und größerer Tragfähigkeit als materieller Besitz.

Die Sonne im 3. Haus:
Der Vermittler – Die Aufgabe ist Wissen
Wißbegierigkeit (manchmal auch Neugier), Aufnahmefähigkeit und das Talent zum Austausch sowie Liebe zur Abwechslung und Geselligkeit kennzeichnen diesen Sonnenstand. Viele kurze Reisen befriedigen den Wunsch nach neuen Impulsen. Interesse an Studien, über die der Horoskopinhaber dann gern auch innerhalb der Familie und Nachbarschaft oder gegenüber einer weiteren Umwelt kommuniziert. Das 3. Haus ist der »Marktplatz« für Neuigkeiten und Meinungen, für einen regen mentalen Austausch. Tätigkeiten in Läden oder im Verkauf allgemein oder dort, wo man mit Klienten spricht, oder Interviewsituationen entsprechen dieser Sonnenposition besonders.
Falls die Sonne im 3. Haus geschwächt ist, stellen wir oft Oberflächlichkeit, Unruhe und schwankende Ansichten fest.
Das Thema der Sonne im 3. Haus ist, im alltäglichen Umgang mit der Umwelt die eigene Kommunikationsfähigkeit so zu entwickeln, daß berechtigte Eigeninteressen auf geeignete Weise zur Geltung gelangen.

Die Sonne im 4. Haus:
Der häusliche Mensch – Die Aufgabe ist Bauen
Starke Beziehungen zur Herkunft und ein daraus erwachsendes Heimatgefühl charakterisieren diese Sonnenstellung. In jungen Jahren werden die Eltern oder ein Elternteil häufig als zu streng oder bedrückend erlebt. Sehnsucht nach Verwurzelung, die für viele Menschen in einem harmonischen Familienleben ihre Erfüllung findet. Ein schönes Heim und Grundbesitz spielen eine Rolle.
Der letzte Lebensabschnitt gilt als der wichtigste, das Lebensende wird oft in guten Verhältnissen erfahren. Ein gewisser Hang zur Bequemlichkeit und ein Verharren am sicheren Ort, »im Schoße« eines Heims oder der Familie oder seiner Vorstellungswelt, tragen manchmal dazu bei, daß sich der Horoskopinhaber »abschottet« und sich nicht genügend mit der Umwelt austauscht.
Das Verständnis für die Ursachen und Ursprünge des eigenen Lebensschicksals gewinnen bei diesem Sonnenstand besondere Bedeutung. Die familiäre und kulturelle Herkunft und das individuelle Karma sollten als eine Einheit begriffen und bewußt in die Aufgaben eingeordnet werden, die in diesem Leben für die Seele anstehen.

Die Sonne im 5. Haus:
Der (Lebens-)Künstler – Die Aufgabe ist Offenbaren

Die Sonne im 5. Haus verheißt Lebensfreude, ja, Lebenslust und ein kaum zu bändigendes Maß an Kreativität. Schöpferischer Wille und gestalterische Kraft verbinden sich auf vorteilhafte Weise. Kunst, Vergnügung und Unterhaltung, Spiel (auch Spekulationen) bieten ebenso ein weites Betätigungsfeld wie Zuwendung zu Kindern, allerdings meist nur innerhalb einer kleinen Familie.

Mit diesem Sonnenstand gehen Protektion durch höhergestellte Persönlichkeiten sowie potentiell ungewöhnliche Liebesbeziehungen einher. Romanzen aller Art beflügeln den Horoskopinhaber, der meist über reichlich Charme und Appeal verfügt. Er sollte daran denken, daß alle rein sexuellen Beziehungen karmische Bindungen nach sich ziehen, von denen er dann vielleicht gar nicht mehr so viel wissen will.

Bei problematischer Sonnenstellung wird man mit Fehlspekulationen, oberflächlicher Vergnügungssucht, Selbstüberschätzung und enttäuschenden persönlichen Beziehungen fertig werden müssen.

Mit der Sonne im 5. Haus besteht eine zentrale Aufgabe im folgenden: Es gilt Selbstzweifel, Eigenblockaden und Minderwertigkeitsgefühle abzulegen und durch praktische Kreativität echte Lebenssicherheit und ein gesundes Selbstwertgefühl zu gewinnen. Die schöpferischen Impulse dieser Menschen müssen in der Praxis entfaltet werden, weil der Mensch sonst innerlich »verwelkt«. Das braucht nicht immer gleich die höchste Kunst oder der grandiose Wurf zu sein – auch Malerei als Hobby, Tüftelei an einer Maschine oder Trainer einer Jugendfußballmannschaft bringen die notwendige Erfüllung mit sich.

Die Sonne im 6. Haus:
Der Helfer – Die Aufgabe ist Verbessern

Traditionell sagt man, daß Horoskopinhaber mit dieser Sonnenstellung am besten in einer »dienenden« Funktion tätig seien, die im Alltag der Menschen gebraucht wird. Wenn dieser Begriff im Sinne von »helfen« oder »heilen« verstanden wird, macht er Sinn. Dann sehen sich diese Horoskopinhaber aufgrund ihrer eigenen Fähigkeiten veranlaßt oder durch die äußeren Umstände dazu »gezwungen«, sich für andere Menschen einzusetzen – und das ist dann auch ein »Dienst« an der Gemeinschaft. Unter Umständen zeigt die Sonne hier an, daß man es mit tüchtigen Untergebenen zu tun hat. Meist verfügt der Horoskopinhaber über irgendeine Form heilerischer Kräfte – vielleicht, ohne es bisher selbst zu wissen oder anzuwenden.

»Die Sonne hilft hier« auch, so meint die vorher schon einmal zitierte

Toni Glover Sedgwick, »Gewohnheiten zu brechen ... Es ist für eine Sonne im 6. Haus am einfachsten, negative Muster zu durchbrechen oder anderen, die sich darum bemühen, dabei zu helfen.«
Generell sollte der Horoskopinhaber einerseits darauf achten, seine wahren, auch sozialen Pflichten im Leben zu erkennen und zu erfüllen. Andererseits sollte er sich nicht unhaltbaren Umständen willenlos fügen oder unzumutbare (Arbeits-)Überlastungen einfach akzeptieren. Menschen mit dieser Sonnenstellung werden nämlich gern ausgenutzt.

Die Sonne im 7. Haus:
Der Partner – Die Aufgabe ist Interaktion
Sowohl für die Ehe als auch für jede andere Form der engen Partnerschaft, also bei Geschäften und Verträgen, soll sich dieser Sonnenstand als förderlich erweisen. Durch den (Ehe-)Partner kommen Glück und Wohlstand, vielleicht sogar über die Stellung oder das Prestige eines Partners auch Kontakt mit der Öffentlichkeit. Günstig für Geselligkeit. Darüber, ob bei dieser Häuserstellung der Sonne der Horoskopinhaber sich nun mehr auf Partner einstellen und von ihm sogar leiten lassen soll, oder ob er in Gefahr ist, zu stark von der Reaktion eines anderen Menschen abhängig zu sein und seine Individualität aufzugeben, gehen die Ansichten unter Astrologen weit auseinander. Zumindest nimmt die Einstellung und das »feed back« des Partners im Vergleich zu anderen Sonnenstellungen hier eine überproportional große Bedeutung ein.
Diese Menschen können gut andere vertreten, als Rechtsanwälte oder Schlichter. Auch Auszeichnungen werden an sie überdurchschnittlich oft vergeben.
Allzu eigenwillige Ausprägungen einer nur vermeintlichen Individualität sollten zugunsten eines gedeihlichen Miteinanders mit privaten oder beruflichen Partnern aufgegeben werden. Dadurch wächst der Mensch an sich selbst und vermag ein gutes Beispiel für die schöpferische Zusammenarbeit von Menschen untereinander vorzuleben.

Die Sonne im 8. Haus:
Der Sanitäter – Die Aufgabe ist Wandeln
Diese Menschen ziehen andere auf magnetisch-geheimnisvolle Weise an; es umweht sie eine Aura von Mysterium und Magie. Ihre erotischen und/oder medialen Kräfte sind deutlicher spürbar als bei den meisten anderen Sonnenpositionen. Der Umgang mit Sexualität als Ausdruck des unmittelbaren Kontaktes mit der Lebensenergie spielt vor allem in jüngeren Jahren eine wichtige Rolle.

Wenn die Sonne nicht durch Spannungsaspekte »angegriffen« wird, verfügen sie über eine stabile Lebenskraft. Gewinn durch Erbschaften und eine merkwürdige Beschäftigung mit alten und »toten« bzw. aufgegebenen Dingen, zum Beispiel mit Antiquitäten, Second-Hand-Kleidung usf.
Mit diesem Sonnenstand im 8. Haus erlebt der Horoskopinhaber besonders intensive »Stirb-und-Werde-Prozesse« und Phasen von »Ich-Krisen«, die zeitweise durchaus schmerzhaft sind. Damit gewinnt er aber reiche Erfahrungen mit menschlichen und zwischenmenschlichen Problemen und er lernt, mit der Umwandlung von Energie in physischen und/oder emotionalen »Todeserfahrungen« umzugehen. Das befähigt und fordert ihn auf, anderen Menschen bei der Bewältigung ihrer Krisen zur Seite zu stehen. Er dient den anderen dann als »Tankstelle« oder als »Sanitäter«, um ihnen bei ihrer Transformation und Regeneration »Erste Hilfe« zu geben.

Die Sonne im 9. Haus:
Der Prediger – Die Aufgabe ist Verstehen
Idealismus und Wissensdurst, philisophische Neigungen und religiöse Interessen kennzeichnen diesen Sonnenstand. Abenteuer und weite Reisen bringen finanziellen Erfolg oder eine Öffnung für neue geistige Horizonte. Diese Menschen sind optimistisch und allgemein großzügig sowie gerecht.
Schattenseiten wären Scheinheiligkeit und Rastlosigkeit, wenn sie ihren Weg über höhere Ideale zu sich selbst noch nicht so recht gefunden haben.
Bei dieser Sonnenposition hüte man sich vor dogmatischer Starrheit in Glaubensangelegenheiten oder fanatischem Eintreten für eine vermeintlich gute Sache. Die Stärke der Sonne im 9. Haus liegt darin, Wissen und Weisheit zu erwerben und mit anderen zu teilen, nicht aber sie zu »missionieren«. Hier vermag der Mensch Visionen von einer besseren Zukunft zu empfangen und sie als erstrebenswertes Ziel für eine ganze Gemeinschaft zu verkünden.

Die Sonne im 10. Haus:
Der Anführer – Die Aufgabe ist Erreichen
Der Tradition nach verheißt die Sonne im 10. Haus berufliche Erfolge, öffentliches Ansehen, Aufstieg durch Fleiß und Können, natürliches Charisma und Führungstalente sowie ganz allgemein Mehrung von Einkommen und Ehrungen.
Schattenseiten gibt es, wenn dieser Drang zum Erfolg, dieses Streben

nach öffentlicher Bedeutung und materieller Sicherung so stark würden, daß sie alle anderen Felder menschlicher Bewegungen und Tätigkeiten überdecken. Es bleibt auch festzuhalten, daß jeder Versuch, gesellschaftlich »nach oben« zu gelangen, immer von viel Mißgunst und Widerstand begleitet sein wird.
Vermutlich angemessener, als gleich die Superkarriere daraus abzuleiten, ist es festzustellen, daß für Menschen mit der Sonne im 10. Haus die Themen persönlicher Ehrgeiz, Anerkennung durch ihre Umwelt und überdurchschnittliche Einkünfte bzw. gesicherte Finanzen eine herausragende Rolle spielen.
Ihr Ehrgeiz nach Karriere und Anerkennung, nach Einkommen und Prestige sollte sich an realistischen und erreichbaren Zielen orientieren. Horoskopinhaber mit diesem Sonnenstand mögen sich auch bei unvermeidlichen Ent-Täuschungen daran erinnern, daß ihr Ehrgeiz zum dauerhaftesten und höchsten Erfolg in ihrer spirituellen Selbsterkenntnis führen wird.

Die Sonne im 11. Haus:
Der Sprecher – Die Aufgabe ist Erhöhen

Weitreichende Träume und viel Elan, sie wahrzumachen. Interesse an Werten und Hoffnung auf Ziele, die für viele Menschen Gültigkeit besitzen; Offenheit für soziale Belange, Freude an und Bereicherung durch gesellschaftliche oder kulturelle Zusammenkünfte, Ausrichtung auf Reformbestrebungen – dadurch auch Verbindung zu einflußreichen Personen. Man kann die Rolle eines »Sprechers« für hilfsbedürftige Menschen oder erstrebenswerte Ziele übernehmen.
Freunde bedeuten Menschen mit der Sonne im 11. Haus viel. Durch sie erfährt der Horoskopinhaber Verständnis und Förderung; bei problematischer Sonnenposition können sie sich allerdings auch als falsche Freunde erweisen, und man erleidet durch sie womöglich sogar Verluste.
Vertrauen Sie Ihren Träumen und Ihren Hoffnungen auf eine bessere Zukunft – und bewahren Sie sich sowohl einen genügend »langen Atem«, um einiges Ihrer positiven Pläne zu verwirklichen, als auch die Offenheit, Ihre Visionen an der irdischen Wirklichkeit überprüfen zu lassen und sie gegebenenfalls zu verändern.

Die Sonne im 12. Haus:
Der Sucher – Die Aufgabe ist Vollenden

Lange Zeit war es üblich, das 12. Haus astrologisch als negativ zu deuten, als Symbol für Isoliertheit bis hin zu Krankenhaus- oder gar Gefängnisaufenthalt, als Stellvertreter böser geheimer Feinde und so fort. Damit müßte ein Horoskopinhaber mit der Sonne im 12. Haus nahezu alles Übel dieser Welt gewärtigen. Daß das zu einseitig und schlicht falsch ist, hat sich inzwischen unter den etwas bewußteren Astrologen einigermaßen herumgesprochen.

Mit der Sonne im 12. Haus bietet sich dem betreffenden Menschen die Chance, seinen Lebensweg unter dem Aspekt der Vollendung eines Seelenzyklus zu sehen und sich für seine Vervollkommnung auf einer höheren Ebene vorzubereiten. Das 12. Haus bildet den archetypischen Abschluß der astrologischen Häuser und damit einer Lebensphase. Es steht am Ende und bildet damit auch den Keim für einen Neubeginn. Es geht hier also darum, daß die Sonne als Symbol der Lebenskraft, der Persönlichkeit, des Selbst vor einer grundlegenden Verwandlung und Neuorientierung steht. Das geht zeitweise zumindest einher mit Verinnerlichung und einer gewissen seelisch-geistigen »Abgeschiedenheit« oder von der Umwelt oft nicht verstandenen »Suche«.

Auch wenn Sie sich damit vielleicht unbeliebt machen sollten: es ist wichtig, daß Sie den Geheimnissen der Schöpfung, dem Sinn Ihres Lebens und Ihrem eigenen Seelenweg nachspüren. Darin können Menschen mit der Sonne im 12. Haus eine echte Erfüllung finden. Aus der ungeschminkten Analyse der Ich-Situation und durch den Mut zur meditativen »Versenkung« in die eigene Mitte erwächst »Erleuchtung«, und das spirituelle Leben der verkörperten Seele beginnt.

Zur Erinnerung: Immer, wenn ich eine maskuline Sprachform gebrauche, sind selbstverständlich Leserinnen genauso gemeint. Ich beschränke mich nur der sprachlichen Einfachheit halber auf die übliche männliche Sprachform. Die Leserinnen bitte ich deshalb um freundliches Verständnis.

Die Sonne in Aspektbeziehungen zu den anderen Planeten

Jeder Planet symbolisiert eine bestimmte Kraft. Wie diese Kräfte aufeinander wirken, ergibt sich durch die sogenannten Aspekte. Aspekte sind Winkelbeziehungen zwischen Planeten, die man im Horoskopbild ablesen kann.

Stellen Sie sich vor, Sie sitzen dicht neben Ihrem Partner auf einer Bank am Waldesrand oder gehen zusammen spazieren und blicken eng in derselben Richtung auf die Landschaft. Das ist eine besondere »Winkelbeziehung«, nämlich eine Konjunktion – vermutlich eine recht er-

freuliche. Wenn Sie sich nun in enger Umarmung direkt gegenüberstehen oder zueinander gewandt eng umschlungen liegen, so ist das eine andere »Winkelbeziehung«, nämlich eine Opposition – ebenfalls eine meist angenehme.
Was ist indes, wenn Sie dicht an dicht neben wildfremden oder Ihnen sogar unsympathischen Menschen in der U-Bahn stehen und sie alle wie gebannt darauf schauen, wann die Tür endlich aufgeht und Sie aussteigen können? Das ist auch eine »Konjunktion«, allerdings eine weniger schöne. Ein typisches Beispiel für eine unerfreuliche »Opposition« wäre ein Boxkampf, bei dem sich zwei Menschen direkt gegenüberstehen, bereit, sich gegenseitig zu verletzen.
Es gibt zahllose weitere Beispiele für die Wirksamkeit der Winkelbeziehungen bzw. Aspekte, wie sie in der Astrologie verwandt werden. An dieser Stelle nur noch eines: Probieren Sie aus, ob Sie beim gemütlichen Plaudern mit Freunden am Nachmittag sich lieber gegenüber oder nebeneinander sitzen, lieber »über Eck« (also im »Quadrat«) oder leicht versetzt (im »Sextil« oder im »Trigon«). Sie werden staunen, wieviel es ausmacht, in welchem Winkel zu anderen Menschen Sie sitzen!
Aspekte sagen also etwas darüber aus, wie sich die Planetenkräfte gegenseitig beeinflussen. Wenn es keinen Kontakt zwischen den einzelnen Planeten gibt, so heißt das, daß diese Planeten nichts oder zumindest nicht viel miteinander zu tun haben.

Übersicht zu den wichtigsten Aspekten

Zunächst eine kurze Information, was Aspekte sind, welche Aspekte es gibt und welche für uns wichtig sind. Im Horoskopkreis sind mit farbigen oder schwarzen Strichen zwischen den Planetensymbolen sogenannte Aspekte vermerkt. Auf den Horoskopblättern finden Sie mit oder ohne kleine Winkelsymbole weitere Angaben zu den Aspekten abgedrückt. Die Gradzahlen dieser Winkel geben Aufschluß darüber, ob und falls ja, wie die jeweiligen Planetenkräfte aufeinander wirken, ob sie harmonieren oder herausfordern, antreiben oder beruhigen, etc.
In der Astrologie geht man davon aus, daß manche Aspekte mit ganz bestimmten Winkelbeziehungen eine besondere Bedeutung besitzen. Es sind dies die Winkelwerte, die sich ergeben, wenn man den Horoskopkreis von 360 Grad nacheinander genau durch 1, 2, 3, 4, 5, 6 usf. teilt.
Wenn im Horoskopkreis von 360 Grad zwei Planeten genau an derselben Stelle stehen, nennt man das eine Konjunktion. (Der Horoskopkreis wird durch 1 geteilt.)
Wenn sich zwei Planeten genau gegenüberstehen, verwenden wir den

Begriff Opposition. (Dabei wird der Horoskopkreis von 360 durch 2 geteilt, wir haben einen 180-Grad-Winkel.)

Konjunktion 0 Grad = 360 : 1
Konzentration von Kräften, die je nach Planeten Spannung oder Kraftverstärkung bedeutet. Aktivität, Wirksamkeit; Koppelung und direkte Berührung! Die Konjunktion ist ein sehr starker Aspekt. (6–8 Grad)

Opposition 180 Grad = 360 : 2
Polare Spannung, die zur bewußten Klärung herausfordert; »Begegnungsaspekt«. Bewußtheit, Erkenntnis, Gegenüberstellung, Zwiespalt. Die Opposition ist ein starker Aspekt. (6–8 Grad)

Trigon 120 Grad = 360 : 3
Ausgleichende Synthese (die auch träge machen kann); »Produktivitätsaspekt«. Schöpfung, Gestaltung; Harmonie, Einklang. Das Trigon ist ein mittelstarker Aspekt. (5–6 Grad)

Quadrat 90 Grad = 360 : 4
Spannung, die zum konstruktiven Umgang auffordert; »Herausforderungs- oder Widerstandsaspekt«. Aufbau, Konstruktion, auch Sperrung. Das Quadrat ist ein starker Aspekt. (5–6 Grad)

Quintil 72 Grad = 360 : 5
Kunstsinn und künstlerisches Können, schöpferische Transformation. Das Quintil ist ein schwacher Aspekt. (2 Grad)

Sextil 60 Grad = 360 : 6
Harmonischer Aspekt, der eigene Kreativität verlangt bzw. anregt; »Neigungsaspekt«. Heißt auch »kleines Trigon«. Erzeugung, Werk, Verknüpfung; unbeschwerte Freude. Das Sextil ist ein mittlerer bis schwächerer Aspekt. (4–5 Grad)

Halbsextil 30 Grad = 360 : 12
Ambivalent; schwächer und bisweilen »schwieriger« als Sextil. Intimität, Berührung oder Entfernung! Das Halbsextil ist ein schwacher Aspekt. (3–4 Grad)

Quincunx 150 Grad = 360 : 12 x 5
Ambivalent; »Entscheidungs-« oder »Sehnsuchtsaspekt«. Klärung, Be-

wußtwerdung, »Riß«. Das Quincunx ist ein mittlerer bis schwächerer Aspekt. (4–5 Grad)

Halbquadrat 45 Grad = 360 : 8
Ähnlich wie Quadrat, aber meist schwächer. Aktivität; schöpferische Transformation von Spannungskräften. Das Halbquadrat ist ein mittlerer bis schwächerer Aspekt. (3–4 Grad)

Nonagon 40 Grad = 360 : 9
Schöpfung, Gestaltung, Abschluß von Zyklen, Vorbereitung auf Durchbruch zu neuen Dimensionen. Das Nonagon ist ein schwacher Aspekt. (2 Grad)

Nicht aspektierter Planet
Wenn ein Planet keinerlei Verbindung zu mindestens einem anderen Planeten (oder zu mindestens einer wichtigen Achse – Aszendent-Deszendent, Medium coeli-Imum coeli, Mondknotenachse) aufweist, also nicht mit einem der starken oder mittleren Aspekte verbunden ist, so sprechen die Astrologen von einem »isolierten« Planeten. Die durch den betreffenden Planeten repräsentierte Kraft wirkt wie isoliert; man muß sie bewußt integrieren lernen.
Dieser »Nicht-Aspekt« gilt als mittelstark.

Unter den Namen der Aspekte finden Sie Hinweise wie »stark«, »mittel« oder »schwach«. Es gilt aber auch: je weiter der Aspekt von der gradgenauen Winkelbeziehung entfernt ist, desto schwächer wird er wirken.

Über den »Orbis«, also den Umkreis, wie weit ein Aspekt noch wirkt, wenn die Winkel nicht genau sind, gibt es unter Astrologen unterschiedliche Meinungen. Bei Sonne und Mond geht man von einem größeren Umkreis aus (plus 2 Grad vom Mittelwert), bei den langsamen Planeten wie Neptun und Pluto von weniger (minus 1–2 Grad vom Mittelwert). Bei starken Aspekten läßt man gleichfalls einen größeren Umkreis gelten, bei schwachen Aspekten einen kleineren. Die Zahlen in Klammern spiegeln die persönliche Ansicht des Autors und befinden sich im Vergleich zur astrologischen Fachmeinung etwa im Mittelfeld.
Für unsere Zwecke hier reicht die Aufteilung in drei Beziehungsmuster zu den anderen Planeten, und zwar Energieaspekte, das sind Konjunktionen; Herausforderungsaspekte, das sind Oppositionen und Quadrate; Förderungsaspekte, das sind Trigone und Sextile.

Wir unterscheiden in der Astrologie weiter zwischen zwei Arten von Aspekten. Einmal gibt es Aspekte von Planeten im Geburtshoroskop, die eine Grundlage für Charakter und Schicksal im Geburtshoroskop bilden. Zweitens entstehen im Verlauf des Lebens zwischen den laufenden Planeten und den Planeten des Geburtshoroskops immer wieder neue bestimmte Aspekte. Diese Aspekte zwischen den laufenden Planeten und Geburtsplaneten sind sogenannte Transite, die sich als zeitlich begrenzte Tendenzen, Herausforderungen und Chancen bemerkbar machen.

Die Aspekte der Planeten in Ihrem Geburtshoroskop entnehmen Sie bitte Ihrem eigenen Horoskopbild bzw. -blatt. Wenn Sie noch kein eigenes Horoskop besitzen, können Sie es zum Beispiel bei Astrodata anfordern; siehe Bestellformular im Anhang.

Eine Anmerkung: Der führende deutsche Astrologe Bernd A. Mertz formuliert teilweise abweichende Deutungen der Aspekte, vor allem zum »Confinis-Aspekt« von 30 Grad. Siehe auch sein ausgezeichnetes systematisches Lehrbuch »Das Grundwissen der Astrologie«, Heyne Taschenbuch 08/9447.

Deutung von Aspekten der Sonne zu den anderen Planeten

Sonne/Sonne: Persönlichkeit und Schicksal

Diese Aspekte bilden sich nur beim Vergleich von Geburts- und Progressions- bzw. Transithoroskopen und bei Partnerschaftshoroskopen.

Kombination von Sonne/Sonne allgemein

Wenn sich bei einem Partnerschaftsvergleich die beiden Sonnen in einem Hauptaspekt zueinander befinden, wird damit angezeigt, daß zwischen diesen beiden Menschen eine ausgeprägte Schicksalsverbindung besteht. Welcher Art sie ist, ergibt sich aus der speziellen Aspektfigur. Sonne/Sonne-Aspekte beim Vergleich zwischen Transiten oder Progressionen zur Geburtssonne sind Hinweise auf wesentliche Lebensthemen oder Persönlichkeitsentwicklungen, die jetzt aktualisiert und akzentuiert werden.

Energieaspekt Konjunktion Sonne/Sonne

Weitreichende Übereinstimmung von Überzeugungen und Handlungsweisen, Lebensfreude, Selbstbewußtsein.

Förderungsaspekte Trigon/Sextil Sonne/Sonne

Es scheint, als ob das Leben selbst schöpferische Hilfen gibt, als ob uns vieles in einem warmen Glanze strahlt. Ideen und Pläne erhalten Förderung, schöpferische Tätigkeiten können weiter entfaltet werden.

Herausforderungsaspekte Opposition/Quadrat Sonne/Sonne
Aus unterschiedlichen Standpunkten und Ansichten sollte man konstruktive Lösungen entwickeln – oder sich vielleicht auch dazu entscheiden, einen anderen, ganz eigenen Weg zu gehen. Spannungen müssen von einem übergeordneten (spirituellen) Verständnis her aufgelöst werden.

Sonne/Mond: Geist und Seele

Kombination von Sonne/Mond allgemein
Mann und Frau (wobei es in der deutschen Sprache immer noch »die« Sonne und »der« Mond heißt, siehe auch Seite 9), Bewußtsein und die vielfältigen Schichten des Unter- und Unbewußten, Geist und Seele, gebende und empfangende Kräfte, Lebenskraft und Gefühl.

Energieaspekt Konjunktion Sonne/Mond
Das ist die Neumondstellung! Manche Astrologen wollen hier »Schwäche« und »Unverstandensein« erkennen. Ich kann dem nicht folgen. Vielmehr ist die Neumondstellung die große Chance zur Wandlung und zum Neubeginn. Damit spielt das Zeichen und das Haus, in dem diese Sonne/Mond-Konjunktion stattfindet, eine wesentliche Rolle. Ein Mensch mit der Neumondstellung im Geburtshoroskop hat sich esoterisch gesehen die Aufgabe gestellt, aus seiner karmischen Vergangenheit, die das Fundament für das jetzige Leben bildet, alle wichtigen Lehren zu ziehen, um seine geistige Zukunftsvision in dieser Phase ganz bewußt zu erfüllen.

Förderungsaspekte Trigon/Sextil Sonne/Mond
Die Lebenskräfte sind ausgewogen, zwischen der äußerlich erlebten und gestalteten Wirklichkeit und den gemüthaften Wunschträumen des Innenlebens besteht ein fruchtbares Gleichgewicht. Wir können von einem harmonischen Charakter und im allgemeinen guten Beziehungen zu Familie und Freunden ausgehen. Mann und Frau erleben gemeinsame Erfolge; Konflikte können gemeinsam und harmonisch gelöst werden.

Herausforderungsaspekte Opposition/Quadrat Sonne/Mond
Konflikte entstehen beim Aufeinanderprallen der Prinzipien von Autonomie und Abhängigkeit, einer nach außen und in die Öffentlichkeit

gerichteten Tätigkeit und einer eher privaten, nach innen gewandten Empfindsamkeit. Sonne/Mond-Quadrate weisen oft auch auf Spannungen zwischen bzw. zu den Eltern hin.
Der Oppositionsaspekt ist bekanntlich die Vollmondstellung. Bei einem bewußten Menschen zeigt die Sonne/Mond-Opposition eine gut entwickelte Balance zwischen Außen und Innen, Geist und Gemüt an.
Bei weniger bewußten Menschen kann dies ein Hinweis auf eine Zerrissenheit zwischen dem Bedürfnis nach Selbstverwirklichung und der Sehnsucht nach einem erfüllten Gefühlsleben sein.

Sonne/Merkur: Wille und Verstand
Zwischen Merkur und Sonne ist als Aspekt nur die Konjunktion möglich, da der Merkur nie weiter als 28 Grad von der Sonne entfernt ist. Bei einer gradgenauen Konjunktion sprechen manche Astrologen davon, daß der Merkur »verbrannt« ist, daß also seine Kräfte von der Sonne so überstrahlt werden, daß sie gar nicht zur Wirkung kommen oder sogar »vernichtet« werden.

Konjunktion Sonne/Merkur
Bei weiter Konjunktion, etwa 5 bis 7 Grad (manche Astrologen meinen 8 bis 10 Grad), sind Intelligenz, praktisches Denken, gute Auffassungsgabe, Zielbewußtsein, Organisationstalent, Geschäftigkeit und Bewußtheit deutlich ausgeprägt. Das ergibt auch eine gute Basis für wirtschaftliche Erfolge.
Bei zu enger Konjunktion, weniger als 3 bis 5 Grad, ist die geistige Einstellung subjektiv und eher »eng« bzw. im Ego verhaftet. Dazu gesellt sich bisweilen eine Tendenz zu Eigennutz und/oder Eigensinn.

Sonne/Venus: Vitalität und Liebe
Venus und Sonne sind nie weiter als 48 Grad voneinander entfernt. Damit kommen als Aspekte nur die Konjunktion, das Halbsextil bzw. »Confinis« (30 Grad) und das Halbquadrat (45 Grad) in Frage.
Eine Konjunktion von 5 bis 10 Grad gilt als günstiger als eine von weniger als 5 Grad, da die Venuskräfte sich bei einer weiteren Konjunktion besser zu entfalten vermögen und nicht von der gewaltigen Sonnenkraft einfach überstrahlt werden.
Bei der Konjunktion zwischen Venus und Sonne drückt sich das natürliche Liebesempfinden stärker aus. Ein liebenswürdiges Wesen ergänzt ein natürliches Bestreben, Harmonie und Einklang zu erzielen. Der Mensch strahlt Gleichklang und Ebenmaß aus. Es besteht ein feinentwickeltes Kunstinteresse; alles Schöne wird als Wert bewußt wahrge-

nommen. Schicksal und Lebensweg sind allgemein begünstigt. Bei sonst ungünstigen weiteren Aspekten könnte sich eine Neigung zur Genußsucht und zur Bequemlichkeit bemerkbar machen.
»Parker's Astrology« (Dorling Kindersley, New York, 1991) spricht beim Halbquadrat von Venus zu Sonne von einem »Hauptaspekt«, der dazu »tendiert, die Möglichkeit eines Zusammenbruchs in der Ehe oder einer dauerhaften Beziehung zu verstärken«. Paris schreibt dagegen in »Der Schlüssel zum Horoskop« (Urania Verlag, CH-Neuhausen), daß »Halbsextil und Halbquadrat von schwacher Wirkung und praktisch bedeutungslos sind«.

Sonne/Mars: Wille und Trieb

Kombination von Sonne/Mars allgemein
Emporkommen durch eigene Kraft, Ehrgeiz, Führungswille; im Horoskop einer Frau auch männliche(r) Partner bzw. Vater; auch Begeisterungsfähigkeit, Mut und Eifer gehören zu dieser Planetenkombionation.

Energieaspekt Konjunktion Sonne/Mars
Vitalität, Lebenskraft, Sexualitätstrieb, Wunschstreben, Freiheitsdrang, Aufregung, männliche Bezugspersonen; sowie oben genannte Merkmale.

Förderungsaspekte Trigon/Sextil Sonne/Mars
Individualität, Durchsetzungskraft, Enthusiasmus; die Triebkraft wird in den Dienst des Lebenswillens und des Geistes gestellt.

Herausforderungsaspekte Opposition/Quadrat Sonne/Mars
Konflikt zwischen Verantwortung und Freiheit, Führeranspruch und Unabhängigkeit, Vermeidung und Konfrontation.

Sonne/Jupiter: Selbstverwirklichung und Öffnung

Kombination von Sonne/Jupiter allgemein
Zu den Themen, die durch diesen Aspekt Bedeutung gewinnen, zählen Erfolg, Erfüllung, Glück, Gesundheit, Freude, optimistische Ausstrahlung, Anerkennung, Wahrheit, Ehrlichkeit, natürliches Selbstvertrauen.

Energieaspekt Konjunktion Sonne/Jupiter
Ein starker Geist voll schöpferischer Kraft, Anlagen zu besonderer Lei-

stungsfähigkeit; stark und kraftvoll, aber nicht aggressiv. Im Horoskop einer Frau »Glück« durch einen (den?) Mann, im Horoskop eines Mannes auf ruhige Weise energisch und begünstigt.

Förderungsaspekte Trigon/Sextil Sonne/Jupiter
Günstig für Erfolg, Glück, Anerkennung und Gesundheit im Leben. Förderung der höheren Qualitäten des Menschen sowie durch männliche Personen; das Auftreten in der Umwelt erweckt Vertrauen. Gesellschaftlicher Ehrgeiz und gesundes Streben nach Besitz.
Ein günstiger Aspekt für das Einvernehmen mit geistig interessierten und versierten Menschen (Religion, Philosophie, Meditation), mit Personen aus dem Bereich des Rechts sowie mit Höhergestellten generell.
Manche Astrologen halten diesen Aspekt zwischen Jupiter und Sonne für noch günstiger als die Konjunktion!

Herausforderungsaspekte Opposition/Quadrat Sonne/Jupiter
Konflikte wollen gelöst werden, wenn folgende polare Neigungen des Menschen gleichberechtigt nach Verwirklichung drängen: Liebe und Freiheit, Leidenschaftlichkeit und Vernunft, Führungswille und Bequemlichkeit. Bisweilen Hang zu Stolz, Anmaßung, Anerkennungssucht und Rechthaberei; eventuell auch leichtsinnig oder verschwenderisch.

Sonne/Saturn: Selbstentfaltung und Grenzen

Kombination von Sonne/Saturn allgemein
Autorität, Ehrfurcht, Leistung, Kompetenz, Kontrolle, (Selbst-)Prüfungen; auch Vaterfigur(en).

Energieaspekt Konjunktion von Sonne/Saturn
Persönliche Behinderung oder Kraftverstärkung; Bescheidenheit, Einfachheit und Ausdauer oder Hemmungen und geschwächte Vitalität.

Förderungsaspekte Trigon/Sextil von Sonne/Saturn
Selbstbehauptung, kluges Anlegen und Verwalten von Reserven, Managerqualitäten, Entschiedenheit im Auftreten verbunden mit Taktgefühl.

Herausforderungsaspekte Opposition/Quadrat von Sonne/Saturn
Konflikte durch Schwanken zwischen Demut und Arroganz, Unterle-

genheitsgefühle und Überlegenheitsgebaren; Selbstzweifel, übertriebene Vorsicht oder festgefahrene Gewohnheiten.

Sonne/Uranus: Schöpferkraft und Schicksalswandel

Kombination von Sonne/Uranus allgemein
Risikobereitschaft zur Veränderung, Individualität und Auflehnung, Unpersönlichkeit, Exzentrik. Starke Sonne/Uranus-Aspekte bezeichnen meist Menschen mit revolutionären oder zumindest sehr ungewöhnlichen Ideen, die in irgendeinem Sinne ihrer Zeit voraus bzw. fortschrittlich sind. Allerdings bringt ihr Leben, gleich aus welchen Gründen, immer viel Aufregung mit sich. Reinhold Ebertin nennt in seinem Buch »Kombination der Gestirneinflüsse« (Ebertin Verlag Freiburg, 10. Aufl. 1979) als Krankheiten speziell auch Herzneurose und Herzinfarkt! Grundsätzlich sind Sonne/Uranus-Aspekte Vorboten zu plötzlichen Wenden im Leben. Oft spielen weite Reisen eine Rolle.

Energieaspekt Konjunktion Sonne/Uranus
Ungewöhnliche Persönlichkeit mit unabhängigen, umwälzenden und meist ungewohnten Ideen. In der Umwelt findet das oft keine Zustimmung, vielmehr deutliche Ablehnung oder Widerspruch. Ernst-Günter Paris spricht auch von »plötzlichen, romantischen Bindungen, die oftmals eine jähe Trennung erfahren« (»Der Schlüssel zum Horoskop«, Bd. I, Urania Verlag CH-Neuhausen). Bei Sonne/Uranus-Konjunktion, -Opposition und -Quadrat muß allgemein mit überraschenden Begegnungen mit männlichen Personen und eben genauso raschen Abschieden gerechnet werden.

Förderungsaspekte Trigon/Sextil Sonne/Uranus
Originalität, Beweglichkeit, Reformstreben, Weitblick, Selbstvertrauen, auch wenn man keinen öffentlichen Zuspruch findet, Einflußnahme auf Umwelt ist auch aus einer »Außenseiterposition« möglich; Freiheitsliebe.

Herausforderungsaspekte Opposition/Quadrat Sonne/Uranus
Konflikte können entstehen zwischen den Bedürfnissen nach Liebe einerseits und Freiheit andererseits, zwischen Führungsanspruch und Gleichheitsprinzipien, zwischen einem Hang zur dramatischen Inszenierung der emotionalen Persönlichkeit und intellektueller Gelassenheit. Ungeduld, Zersplitterung von Energien und Eigenwilligkeiten sind ein weiteres Merkmal.

Sonne/Neptun: Lebenskraft und Ichauflösung

Kombination von Sonne/Neptun allgemein
Kreativität, Anpassungsfähigkeit, Empfindsamkeit, Beeinflußbarkeit, Mitgefühl (oder Mitleid) und Aufopferung, Offenheit für Mystik und Magie (damit eventuell auch eine Tendenz zur Verführbarkeit), Illusionen, Opferbereitschaft, (Aus-)Flucht. Geistige Chancen stehen im Vordergrund der Selbstentfaltung. Die Annahme, daß wir bei einer Sonne/Neptun-Kombination generell von »Schwächlichkeit« und »Krankheit« ausgehen müssen (so R. Ebertin), finde ich bislang ebensowenig bestätigt wie die Aussage, daß bei dieser Planetenkombination immer auch »Gefühlsverwirrung« herrsche (so Paris).

Energieaspekt Konjunktion Sonne/Neptun
Gesteigerte Sensibilität und Inspiration; empfindsames Verständnis für seelische Belange; einfühlsame Kreativität.
Menschen mit diesem Aspekt im Geburtshoroskop sind häufigeren Stimmungsschwankungen unterworfen als viele andere und sind in ihrem Selbstwertgefühl von diesen Stimmungen auch stärker abhängig.
Eventuell Vater- oder Mannprobleme durch tragische Gefühlsbeziehungen, die etwas mit der Sehnsucht nach Verschmelzung einerseits und physischer oder emotionaler Auflösungstendenzen andererseits zu tun haben.

Förderungsaspekte Trigon/Sextil Sonne/Neptun
Hier wird die Gabe zur Einfühlung in andere Menschen und zur Empfänglichkeit für Eindrücke allgemein angezeigt. Menschen mit diesem Planetenaspekt können eine reiche Phantasie, ihre lebendige Intuition und ein künstlerisches Gespür schöpferisch nutzen. Offenheit für Esoterik, Verinnerlichung und Spiritualität, manchmal auch mediale Fähigkeiten. Paris spricht auch von einer Neigung zu weiten Reisen.

Herausforderungsaspekte Opposition/Quadrat Sonne/Neptun
Subtile gegenseitige Abhängigkeiten mit anderen Menschen, also das, was die Amerikaner »Co-Dependency« nennen; Täter-Opfer-Snydrom, Märtyrerneigungen, Tendenz zur (Selbst-)Täuschung. Konflikte ergeben sich aus dem Widerstreit zwischen Idealismus und Skepsis sowie zwischen Anforderungen aus der irdischen Wirklichkeit und zeitweiser Wolkenkuckucksheimmentalität. Die Pläne mögen vielfältig und

großartig sein, oft fehlt es aber an Beharrlichkeit und Konzentration zu ihrer Durchführung. Klassische Deutungen sprechen auch von Genußgiften und Suchtgefahren (Alkohol, halluzinogene Drogen).

Sonne/Pluto: Persönlichkeit und Transformation

Kombination von Sonne/Pluto allgemein
Durchsetzungskraft, Machtstreben, Kollektiveinflüsse (zum Beispiel politische Massenbewegungen und Modeströmungen), Macht und Magie, intensiver Einsatz von Energien, ungewöhnliche Herausforderungen, Krise und Transformation, Leben und »Tod«.

Energieaspekt Konjunktion Sonne/Pluto
Die traditionelle Astrologie bewertet diesen Aspekt fast immer pauschal als negativ. Wir finden dann Begriffe wie »Herrschsucht, Nachteile dadurch«, »Unfalltendenz, Krankheit, Lebensgefahr« und dergleichen mehr. Meiner natürlich begrenzten Erfahrung nach gelten vielmehr folgende Schlüsselworte: ein enormes Reservoir an Lebenskräften, das Außenstehenden oft unerschöpflich scheint, überdurchschnittlicher intensiver und anhaltender Einsatz von Persönlichkeitsenergien (zum »Guten« oder zum »Schlechten«), der immanente Wille zur grundlegenden Wandlung, um die Tiefen des Seins auszuloten, auch wenn das letztlich eine Art der Selbstaufgabe, des »Todes« erfordert.
Die Hausposition gibt wichtigen Aufschluß darüber, in welchem Lebensbereich sich diese ungewöhnliche Kräfteballung auswirken wird. In einem insgesamt förderlich aspektierten Geburtsbild gelten auch die nachstehend genannten Hinweise. Bei weniger bewußt lebenden Menschen kommen für die Konjunktion Sonne/Pluto auch die Bemerkungen zur Geltung, die Sie unter den herausfordernden Aspekten finden.

Förderungsaspekte Trigon/Sextil Sonne/Pluto
Ein gut entwickeltes Selbstbewußtsein paart sich mit Entschlossenheit und Tatkraft. Sie können Führungsansprüche durchsetzen; damit geht ein erheblicher Einfluß auf die Umwelt einher. Dabei kommen körperliche und/oder geistige Energien zum Einsatz. Vitale Triebkraft (Pluto ist die »höhere Oktave« des Planeten Mars).

Herausforderungsaspekte Opposition/Quadrat Sonne/Pluto
Hang zur fanatischen Identifikation mit bestimmten Zielen und/oder

Gruppen, Begeisterung und intensiver Einsatz für eine Sache oder einen Menschen, ohne mögliche Folgen zu bedenken; Überheblichkeit bzw. Selbstüberschätzung. Konflikte entstehen durch die gleichzeitig wirksamen Gegensätze von Stolz und Scham, offenem Selbstausdruck und versteckten Bestrebungen, Verachtung und Demut.

Sonne/Mondknoten: Selbstverwirklichung und Lebensaufgaben

Kombination von Mondknoten/Sonne allgemein
Karma und Selbstverwirklichung, die großen Linien Ihres Lebenswegs und Ihr Lebenswille, Schicksal zum Anfassen!

Energieaspekt Konjunktion der Sonne mit aufsteigendem Mondknoten (gleichzeitig Opposition mit dem absteigenden Mondknoten!)
Eine günstige karmische Ausgangslage. Auf Ihrem Schicksalskonto besteht ein ziemlich großes Guthaben. Ihr großes Potential an Kraft und Kreativität können Sie nutzen, wenn Sie Ihre Augen öffnen und beginnen, bewußt zu leben. Hilfen von »oben« auch in schwierigen Situationen. Das sollte Sie allerdings nicht zum »Sofasitzen auf der Gnade« verführen. (Diesen hübschen Ausdruck verdanke ich der unvergessenen Münchner Yogalehrerin Anneliese Harf. Danke, Anneliese!)

Energieaspekt Konjunktion der Sonne mit absteigendem Mondknoten (gleichzeitig Opposition zum aufsteigenden Mondknoten!)
Entweder neigen Sie dazu, Ihr Licht unter den Scheffel zu stellen, sind zu schüchtern, gehen zu wenig aus sich heraus und fühlen sich zu oft irgendwie saft- und kraftlos, oder Sie versuchen, Ihr Ego in den Vordergrund zu spielen, und leiden unter (angeblich) zu geringer Beachtung durch die Umwelt. Mitunter Karma-Streß mit Vaterfigur(en). Ihre Chance: Meditation über den Sinn Ihres Lebens und die Frage »Wer bin ich?«

Förderungsaspekte Trigone/Sextile der Sonne zur Mondknotenachse (ein Trigon zu einem Mondknotenpunkt ist gleichzeitig ein Sextil zum anderen, und umgekehrt!)
Chancen im öffentlichen Leben, Anerkennung in der Schule, unter Kollegen, im Beruf, ein gutes und sicheres Selbstwertgefühl und eine immerfort sanft sprudelnde Quelle an Kraft und Kreativität geben Ihnen ein wunderbares Fundament, aus Ihrem Leben viel zu machen. Es fällt Ihnen leicht, in die Richtung zu gehen, in die das Leben sich bewegt.

Herausforderungsaspekte Quadrate der Sonne zur Mondknotenachse (ein Quadrat zu einem Mondknoten ist gleichzeitig auch ein Quadrat zum anderen!)
Sie erhalten vom Leben reichlich Gelegenheiten, Geduld, Beharrlichkeit, Anpassungsfähigkeit und Beweglichkeit als Tugenden zu entwickeln, die Ihnen helfen, bewußt zu wachsen. Vor allem in jüngeren Jahren werden Sie nicht ganz zufrieden sein, vom Leben derart »beschenkt« zu werden, sondern empfinden vermutlich die meisten Herausforderungen als Hindernisse oder Knüppel, die Ihnen zwischen die Beine geworfen werden. Seien Sie gewiß, daß das Leben uns immer genau das gibt, was wir brauchen, um uns zu entwickeln!

Sonne/Aszendent-Deszendent: Selbstwert und Rollenspiel
Der Aszendent (AC) symbolisiert das Ich, das Selbstbild, die »Persona« des Horoskopinhabers, sein Rollenspiel gegenüber der Umwelt und die »Brille«, durch die er die Umwelt sieht.
Der Deszendent (DC) steht für das persönliche Du, sowohl in einer intimen Partnerschaft wie in Geschäftsbeziehungen, für Begegnungen mit einzelnen Menschen und die eigenen Projektionen auf ein Du.

Energieaspekt Konjunktion Sonne/AC (gleichzeitig Opposition Sonne/DC)
Menschen mit Sonne am Aszendenten leben, fühlen und handeln meist unbeschwert »drauf los«. Sie sind eins mit sich selbst – die innere Persönlichkeit und das äußere Verhalten stimmen überein. Das gibt ihnen genug Schwung, so daß sie oft andere Menschen begeistern oder »überfahren« können. Unter Umständen existiert eine Neigung, sich das Leben »zu einfach« vorzustellen und durch eine gewisse Einseitigkeit Widerstände zu provozieren, die dann zu Ent-Täuschungen führen. Wenn Sonne und Aszendent in dasselbe Tierkreiszeichen fallen, gewinnt dieses Zeichen stark an Bedeutung.

Energieaspekt Konjunktion Sonne/DC (gleichzeitig Opposition Sonne/AC)
Das Leben und die Welt erleben Menschen mit der Sonne am Du-Punkt vor allem über einen bzw. mehrere Partner. Die Meinung des anderen, seine Urteile, seine Reaktionen, seine Gefühle bestimmen in einem hohen Maß, was der Horoskopinhaber selber von etwas hält, wie er sich auf Situationen einstellt, wie er agiert bzw. was er zu projizieren versucht. Einerseits ist mit dieser Sonnenstellung eine feine Empfänglichkeit für die Umwelt und insbesondere für persönliche Partner symbolisch angezeigt. Andererseits besteht eine Versuchung, sich allzusehr den Erwartungen und Spiegelungen der Umwelt anzupassen.

Förderungsaspekte Trigon/Sextil Sonne/AC-DC (ein Trigon zum einen Achspunkt ist gleichzeitg ein Sextil zum anderen)
Selbstentfaltung und Empfindsamkeit für die Bedürfnisse anderer, schöpferische Ausdrucksfähigkeit und Rücksichtnahme auf die Umwelt stehen in einem harmonischen und potentiell kreativen Verhältnis zueinander. Ich und Du, der eigene Wille und die eigenen Bedürfnisse können fruchtbar auf die Partner und mit den Partnern abgestimmt werden.

Herausforderungsaspekte Quadrat Sonne/AC-DC (ein Quadrat zum einen Achspunkt ist gleichzeitig auch ein Quadrat zum anderen)
Dieses Quadrat bringt nicht das Maß an Spannung, das wir bei reinen Planetenquadraten untereinander kennen. Denn ein Quadrat der Sonne zur Ich-Du-Achse ist gleichzeitig ein Energieaspekt der Sonne zur MC-IC-Achse. Ich werte ein Quadrat von Sonne zu Aszendent und Deszendent als eine stärkere Ausrichtung des Horoskopinhabers auf Erfolg in der Öffentlichkeit und innere Verwurzelung und als eine Vernachlässigung des Themenkreises Ich-Reflexion und Du-Bezug.

Sonne/MC-IC: Erfolgsstreben und Durchsetzungskraft
Der Medium Coeli (die Himmelsmitte – MC) steht für das Auftreten und den Erfolg in der Außenwelt und in der Öffentlichkeit, er zeigt auch Stellung und Bestimmungen sowie Erwartungen von Familie oder Gesellschaft an den Horoskopinhaber an. Wenn der MC »links« von der Spitze des 10. Hauses ist, so herrscht beim Horoskopinhaber eine eher materielle Lebenseinstellung vor. Wenn der MC »rechts«, also in Richtung 9. Haus fällt, dann können wir von einer stärker ausgeprägten geistigen Orientierung ausgehen.
Der Imum Coeli (die Himmelstiefe – IC) bezeichnet unsere geographische Heimat und familiäre Herkunft sowie Gewohnheiten und innere Entfaltung. Manche Astrologen deuten hiernach auch eine innere, geistige Heimat und eine karmische Herkunft.

Energieaspekt Konjunktion Sonne/MC (gleichzeitig Opposition Sonne/IC)
Chancen, etwas Bedeutsames zu leisten und dafür auch die Anerkennung einer kleineren oder größeren Öffentlichkeit zu finden. Deutlicher Energieeinsatz, um eine bestimmte berufliche Stellung oder einen gewissen gesellschaftlichen Rang zu erreichen. Zielstrebigkeit und starkes Ichbewußtsein.

Energieaspekt Konjunktion Sonne/IC (gleichzeitig Opposition Sonne/MC)
Das Erleben und die Ausgestaltung der Individualität steht hier im

Vordergrund. Interesse an und Bedürfnis nach einer echten Verwurzelung in einer sicheren Lebensgrundlage. Land und Landbesitz, Heim und Heimat, die persönliche oder eine geistige Familie spielen eine wichtige Rolle.

Förderungsaspekte Trigon/Sextil Sonne/MC-IC (ein Trigon zum einen Achspunkt ist gleichzeitg ein Sextil zum anderen)
Lebenslust und eine positive Lebenseinstellung sind bei dieser Sonnenstellung begünstigt; man findet leicht ein ausgewogenes Verhältnis zwischen sicheren geistigen »Ankern« und einer lockenden materiellen »Karriere«.

Herausforderungsaspekte Quadrat Sonne/MC-IC (ein Quadrat zum einen Achspunkt ist gleichzeitig auch ein Quadrat zum anderen)
Der Horoskopinhaber muß sich schwer zu verwirklichenden Lebenszielen stellen oder hat mit einer bestimmten Ziellosigkeit im eigenen Tun zu kämpfen. Die Ich-Du-Beziehungen sind ihm wichtiger als innere und äußere Erfolge oder Sicherheiten.

Vom Neumond zum Vollmond

Sonne und Mond in wichtigen Himmelsstellungen mit Kurzdeutungen

In diesem Abschnitt greife ich auch auf Gedanken zurück, die Michael R. Meyer, einer der herausragenden Schüler Dane Rudhyars, 1974 in seinem Buch »A Handbook for the Humanistic Astrologer« dargelegt hat. (Dieses Buch ist leider nicht auf deutsch erschienen.)
Die Himmelsbeziehungen zwischen Sonne und Mond lassen sich in zwei Phasen beschreiben. Da ist einmal die Phase des zunehmenden Mondes von Neumond zu Vollmond und zweitens die des abnehmenden Mondes von Vollmond zu Neumond. Archetypisch lassen sich diese beiden Phasen gut voneinander unterscheiden.
Die Phase des zunehmenden Mondlichtes bringt spontanes Wachstum und instinktive Aktion mit sich. Sie unterstützt Aufbau und Entwicklung organischer Strukturen.
Die Phase des abnehmenden Mondlichtes begünstigt generell Abschluß und Auflösung. Sie fördert die Entfaltung von Selbstreflextion und Sinn.
Innerhalb dieser zwei Phasen können wir vier Unterphasen feststellen:

- das erste Mondviertel von Neumond bis zum zunehmenden Halbmond, in dieser Subphase geht es um die Suche nach sich selbst;
- das zweite Mondviertel vom Halbmond bis zum Vollmond, hier baut man eine solide Grundlage für die Persönlichkeit;
- das dritte Mondviertel vom Vollmond zum abnehmenden Halbmond, »Ernte« oder »Ent-Täuschung«;
- das vierte Mondviertel vom Halbmond zum Neumond, Herausforderung durch oder von veralteten Strukturen und Reformation der persönlichen oder gesellschaftlichen Basis.

Meyer spricht darüber hinaus von acht Sonne-Mond-Typen, die ich indes anders bezeichne als er.

- Der neue Mond: Neumondtyp, im Tierkreis 0 Grad bis 45 Grad vor der Sonne. Das Schlüsselwort lautet Entstehung; es geht um die Projektion der eigenen Ideale und Vorstellungen in die äußere Welt; das Temperament ist impulsiv und instinktiv. Freud und Marx hatten diese Mondstellung in ihrem Horoskop.

- Der säende Mond: Sichelmondtyp, zunehmend, im Tierkreis 45 Grad bis 90 Grad vor der Sonne. Der Kerngedanke ist Selbstbehauptung; Anteilnahme an der positiven Veränderung alter Formen; man ist recht selbstbewußt. John F. Kennedy und Maria Montessori sind Beispiele dafür.
- Der wachsende Mond: Halbmondtyp, zunehmend, im Tierkreis 90 Grad bis 135 Grad vor der Sonne. Aktion steht im Mittelpunkt des Interesses; es herrscht ein Bedürfnis nach dem Aufbau von Strukturen, die den eigenen Idealen gerecht werden; man ist willensstark. Alice Bailey und John Lennon hatten diese Sonne-Mond-Beziehung.
- Der reifende Mond: Dreiviertelmondtyp, zunehmend, im Tierkreis 135 Grad bis 180 Grad vor der Sonne. Ein Schlüsselwort ist Ausdrucksreichtum; es geht um persönliches Wachstum im Rahmen eines sozialen Bezugs; Fragen und Suchen spielen eine Rolle. Janis Joplin und Jakob Böhme können exemplarisch genannt werden.
- Der Erntemond: Vollmondtyp, im Tierkreis 180 Grad bis 135 Grad hinter der Sonne. Mittelpunkt dieser Sonne-Mond-Beziehung ist Erfüllung in jeder Beziehung; bei sonst negativer seelischer Disposition könnte es auch zu einer Wirklichkeitsflucht oder Auflösung der eigenständigen Persönlichkeit kommen. Meyer nennt Rudolf Steiner und Jiddu Krishnamurti als positive Beispiele.
- Der gebende Mond: Dreiviertelmondtyp, abnehmend, im Tierkreis 135 Grad bis 90 Grad hinter der Sonne. Der Kern ist hier Synthese; man gibt das weiter, was man sich erworben hat, und möchte andere Menschen beeindrucken und inspirieren. Meher Baba, aber auch Adolf Hitler hatten diese Mondstellung in ihrem Horoskop.
- Der sich umformende Mond: Halbmondtyp, abnehmend, im Tierkreis 90 Grad bis 45 Grad hinter der Sonne. Ein Schlüsselwort lautet Neuorientierung; man bemüht sich um die Anwendung universaler Prinzipien auf praktische Angelegenheiten; dabei ist man recht erfindungsreich. Lenin und Trotzki sowie Olcott und Annie Besant sind prominente Beispiele dafür.
- Der stille Mond: Sichelmondtyp, abnehmend, im Tierkreis weniger als 45 Grad hinter der Sonne. Befreiung bzw. Erlösung sind die Grundlage dieser Sonne-Mond-Beziehung; es geht um das Hervorbringen einer neuen Saat und die Weitergabe von Visionen für die Zukunft; Verständnis für die Zusammenhänge zwischen Vergangenheit, Gegenwart, Zukunft und »Schicksal«. Das Horoskop von Kant, Dane Rudhyar, Bob Dylan sowie – natürlich nicht so prominent – dem Verfasser selbst weist diese Mondstellung auf.

Ihre Mond-Stellung entnehmen Sie Ihrem Horoskop. Falls Sie noch keines haben, können Sie mit dem Formular am Ende des Buches Ihr Horoskop bestellen. Im Heyne Planetenbuch über den Mond ist eine Kurzformel abgedruckt, um den Mondstand im Tierkreis zu berechnen.

Was steht im Horoskop bis zur Jahrtausendwende?

Ein Planetenkalender für 1994 bis 2000

In diesem Abschnitt finden Sie bildhafte Übersichten zum Lauf der Planeten während jedes Vierteljahres von 1994 bis 2000. Diese Grafiken sollen dazu dienen, daß Sie auf einen Blick erkennen können, wo sich die Planeten jeweils befinden und welche Aspekte zu erwarten sind zwischen den laufenden Planeten und Ihrer Sonne sowie zwischen allen laufenden Planeten selbst.
Die Übersichten sind folgendermaßen aufgebaut:

- In der Mitte steht, für welche Zeit die Grafik gilt.
- Im Ring stehen die Namen der Tierkreiszeichen. Sie finden Markierungen für jeweils 30 Grad.
- Vollmond und Neumond sind als Kreise notiert; der leere Kreisring steht für Vollmond, der vollschwarze Kreis für Neumond. Die Zahlen geben das Datum an.
- Innerhalb des Rings mit den Tierkreiszeichen finden Sie die Bahnen für Sonne, Merkur, Venus und Mars.
- Innerhalb, falls der Platz reicht, oder außerhalb, sind die Planetenstände von Jupiter und Saturn vermerkt sowie die beiden Mondknoten.
- Immer außerhalb des Rings mit den Tierkreiszeichen finden Sie Uranus, Neptun und Pluto.
- Wenn ein Pfeil »gegen« den Tierkreis zeigt, ist der Planet »rückläufig« (was manchen Astrologen entweder als innen-bezogen, vertieft oder gehemmt gilt). Die Mondknoten laufen bekanntlich immer »rückwärts«.
- Wenn kein Pfeil markiert ist, bleibt der betreffende Planet in diesem Zeitraum auf einer Stelle.
- Ende und Spitze der Pfeile geben die Planetenposition am ersten und am letzten Tag des jeweiligen Vierteljahres an.

Wir haben keine Gradzahlen in diese Grafiken eingetragen, damit sie so übersichtlich wie möglich bleiben. Sie können die Gradzahlen anhand der Markierungen selbst ablesen: der Anfang eines Tierkreiszeichens ist immer 0 Grad, das Ende 30 Grad.

Wichtige Aspekte der laufenden Planeten untereinander

Konjunktion (0 Grad), Opposition (180 Grad), Quadrat (90 Grad) und Trigon (120 Grad) gelten als die wichtigsten Aspekte. Bei Beteiligung von Jupiter, Saturn, Uranus, Neptun, Pluto und Mondknoten kann man das Sextil (60 Grad) noch dazurechnen.

Sie können anhand der 30-Grad-Markierungen innerhalb der zwölf Tierkreiszeichen die Aspekt-Abstände selbst ablesen.

Für alle Aspekte zwischen Geburtsplaneten und laufenden Planeten sowie für die Aspekte der laufenden Planeten untereinander trifft zu, daß sie ihre »Wirkung« nicht unbedingt an dem Tag entwickeln, an dem der Aspekt exakt wird, also genau die Gradzahl 0, 90, 120 etc. einimmt, sondern auch früher und/oder später. Persönlich unterschiedlich kann sich ein Aspekt schon bei 5–10 Grad Abstand der Planeten bemerkbar machen oder erst bei 1–2 Grad.

Allgemein kann man sagen, daß

- Aspekte von Sonne, Mond, Merkur, Venus und Mars untereinander nur einen oder wenige Tage wirken;
- Aspekte von Sonne, Mond, Merkur, Venus und Mars zu Jupiter, Saturn, Uranus, Neptun, Pluto und den Mondknoten etwa eine Woche wirken;
- Aspekte von Jupiter, Saturn, Uranus, Neptun, Pluto und den Mondknoten untereinander etliche Wochen wirken können. Diese Aspekte bilden sich selten, da diese »Langsamläufer« seltener über die Aspektpunkte laufen.

Siehe auch das Kapitel über Aspekte ab Seite 53.

In den Heyne Planetenbüchern zur Sonne und zum Mond sind keine Deutungen für die Transitaspekte vermerkt, weil beide Lichter als ausgesprochene »Schnelläufer« jedes Jahr (Sonne) bzw. jeden Monat (Mond) zu allen anderen Planeten immer wieder alle denkbaren Aspektkonfigurationen bilden. Die Aussagekraft ist damit sehr gering. Wenn jedoch wichtige Sonnen- und Mondaspekte – also vor allem Konjunktion, Opposition und Quadrat – mit Aspekten der »Langsamläufer« (von Jupiter bis Pluto) untereinander zusammenfallen, dann kann es durchaus zu einer Verstärkung bzw. Akzentuierung kommen. Sehen Sie dazu die Aspektübersichten mit Kurzdeutung nach, die in den anderen Heyne Planetenbüchern erschienen sind.

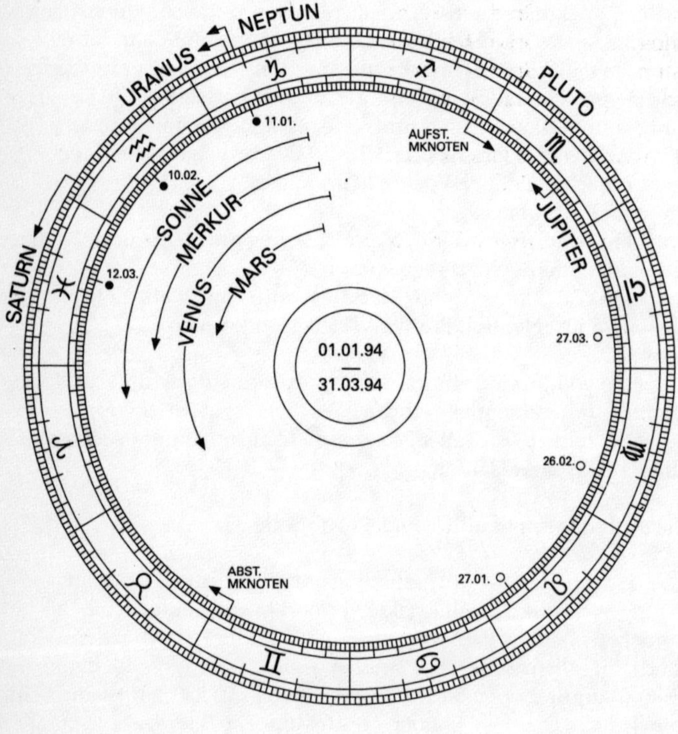
NEPTUN
URANUS
PLUTO
SATURN
JUPITER
AUFST.
MKNOTEN
ABST.
MKNOTEN
SONNE
MERKUR
VENUS
MARS
11.01.
10.02.
12.03.
27.03.
26.02.
27.01.
01.01.94
—
31.03.94

1.1.1994 – 31.3.1994

Sonne	11 Grad Steinbock
Mondknoten	3 Grad Schütze
Merkur	9 Grad Steinbock
Venus	7 Grad Steinbock
Mars	10 Grad Steinbock
Jupiter	10 Grad Skorpion
Saturn	27 Grad Wassermann
Uranus	22 Grad Steinbock
Neptun	21 Grad Steinbock
Pluto	28 Grad Skorpion

11.2. Merkur	R	8 Grad Fische
5.3. Merkur	D	23 Grad Wassermann

28.2. Jupiter	R	15 Grad Skorpion
1.3. Pluto	R	29 Grad Skorpion

Neumond	11.1.	22 Grad Steinbock
Vollmond	27.1.	7 Grad Löwe
Neumond	10.2.	22 Grad Wassermann
Vollmond	26.2.	8 Grad Jungfrau
Neumond	12.3.	12 Grad Fische
Vollmond	27.3.	7 Grad Waage

R = rückläufig; D = direktläufig

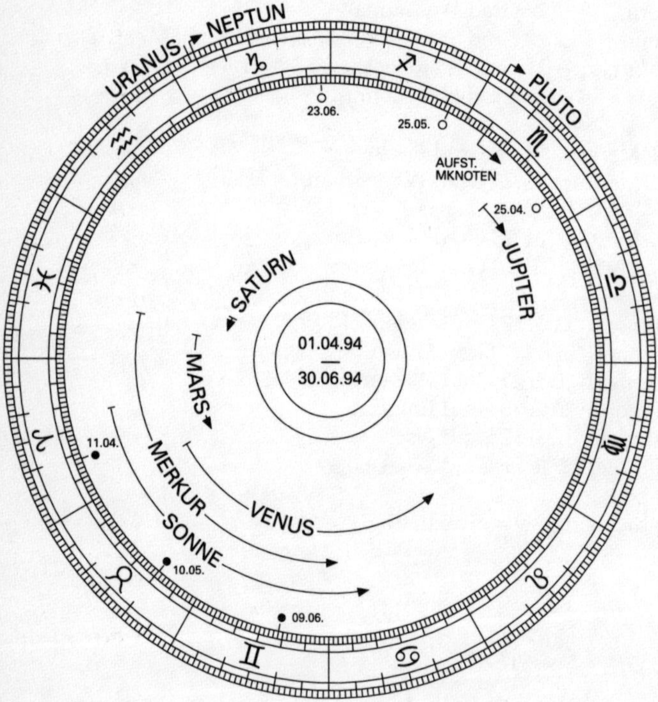
URANUS
NEPTUN
PLUTO
23.06.
25.05.
AUFST.
MKNOTEN
25.04.
JUPITER
SATURN
MARS
01.04.94
—
30.06.94
11.04.
MERKUR
VENUS
SONNE
10.05.
09.06.

1.4.1994 – 30.6.1994

Sonne	12 Grad Widder
Mondknoten	25 Grad Skorpion
Merkur	17 Grad Fische
Venus	30 Grad Widder
Mars	20 Grad Fische
Jupiter R	14 Grad Skorpion
Saturn	8 Grad Fische
Uranus	26 Grad Steinbock
Neptun	24 Grad Steinbock
Pluto R	28 Grad Skorpion

12.6. Merkur	R	9 Grad Krebs

25.4. Neptun	R	24 Grad Steinbock
30.4. Uranus	R	27 Grad Steinbock
23.6. Saturn	R	13 Grad Fische

Neumond	11.4.	21 Grad Widder
Vollmond	25.4.	6 Grad Skorpion
Neumond	10.5.	20 Grad Stier Sonnenfinsternis
Vollmond	25.5.	4 Grad Schütze Mondfinsternis
Neumond	9.6.	19 Grad Zwillinge
Vollmond	23.6.	2 Grad Steinbock

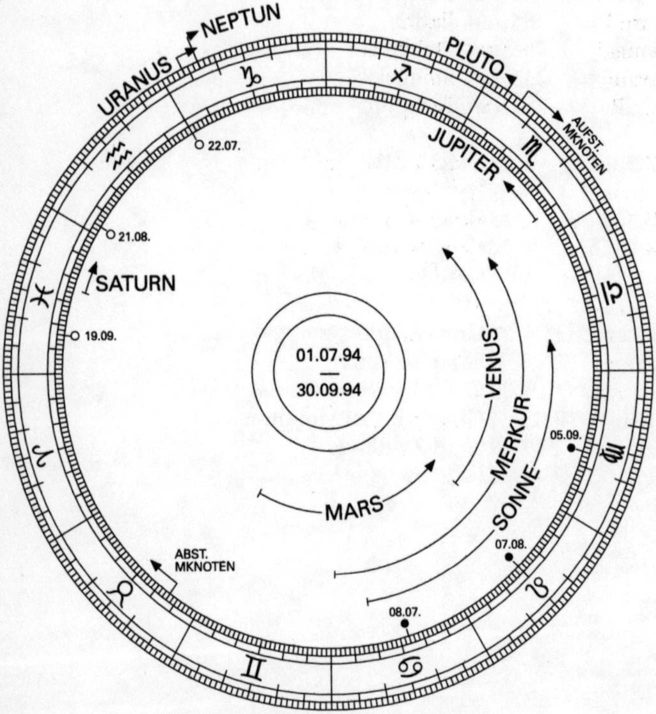
NEPTUN
URANUS
PLUTO
AUFST.
MKNOTEN
JUPITER
22.07.
21.08.
SATURN
19.09.
01.07.94
—
30.09.94
VENUS
MERKUR
SONNE
MARS
05.09.
07.08.
08.07.
ABST.
MKNOTEN

1.7.1994 – 30.9.1994

Sonne	9 Grad Krebs
Mondknoten	23 Grad Skorpion
Merkur R	1 Grad Krebs
Venus	19 Grad Löwe
Mars	28 Grad Stier
Jupiter R	5 Grad Skorpion
Saturn R	12 Grad Fische
Uranus R	26 Grad Steinbock
Neptun R	23 Grad Steinbock
Pluto R	26 Grad Skorpion

6.7. Merkur	D	30 Grad Zwillinge

2.7. Jupiter	D	5 Grad Skorpion
5.8. Pluto	D	26 Grad Skorpion

Neumond	8.7.	17 Grad Krebs
Vollmond	22.7.	30 Grad Steinbock
Neumond	7.8.	15 Grad Löwe
Vollmond	21.8.	28 Grad Wassermann
Neumond	5.9.	13 Grad Jungfrau
Vollmond	19.9.	27 Grad Fische

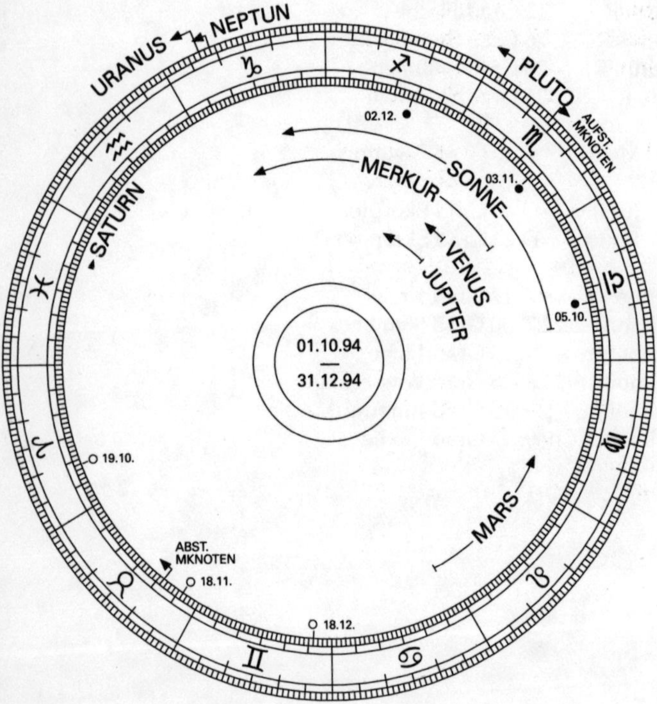
URANUS
NEPTUN
PLUTO
AUFST.
MKNOTEN
02.12.
MERKUR
SONNE
03.11.
SATURN
VENUS
JUPITER
05.10.
01.10.94
—
31.12.94
19.10.
MARS
ABST.
MKNOTEN
18.11.
18.12.

1.10.1994 – 31.12.1994

Sonne	8 Grad Waage
Mondknoten	16 Grad Skorpion
Merkur	4 Grad Skorpion
Venus	16 Grad Skorpion
Mars	28 Grad Krebs
Jupiter	16 Grad Skorpion
Saturn R	7 Grad Fische
Uranus R	23 Grad Steinbock
Neptun R	21 Grad Steinbock
Pluto	27 Grad Skorpion

9.10.	Merkur	R	7 Grad Skorpion
30.10.	Merkur	D	21 Grad Waage

2.10.	Uranus	D	23 Grad Steinbock
2.10.	Neptun	D	21 Grad Steinbock
9.11.	Saturn	D	6 Grad Fische

Neumond	5.10.	12 Grad Waage
Vollmond	19.10.	26 Grad Widder
Neumond	3.11.	11 Grad Skorpion Sonnenfinsternis
Vollmond	18.11.	26 Grad Stier Mondfinsternis
Neumond	2.12.	11 Grad Schütze
Vollmond	18.12.	26 Grad Zwillinge

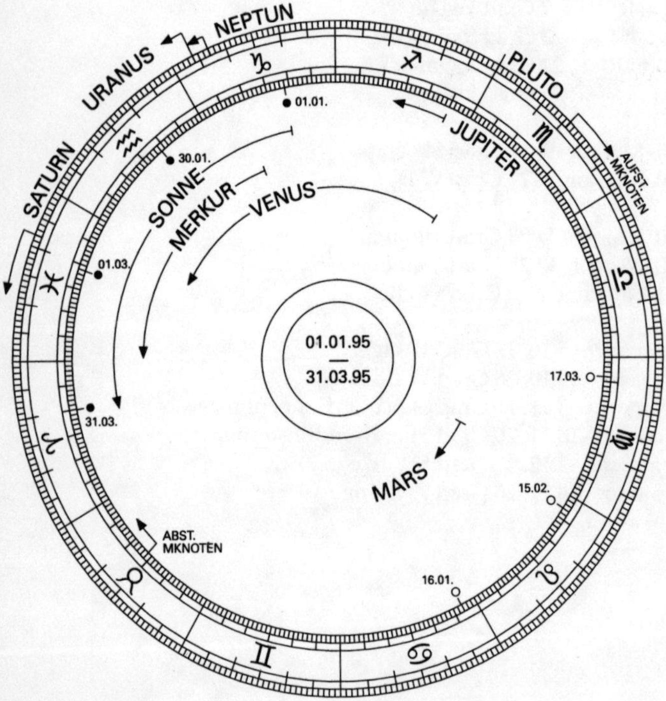
NEPTUN
URANUS
SATURN
PLUTO
JUPITER
AUFST. MKNOTEN
SONNE
MERKUR
VENUS
MARS
ABST. MKNOTEN
01.01.
30.01.
01.03.
31.03.
17.03.
15.02.
16.01.
01.01.95
—
31.03.95

1.1.1995 – 31.3.1995

Sonne	11 Grad Steinbock
Mondknoten	14 Grad Skorpion
Merkur	21 Grad Steinbock
Venus	24 Grad Skorpion
Mars	3 Grad Jungfrau
Jupiter	5 Grad Schütze
Saturn	8 Grad Fische
Uranus	26 Grad Steinbock
Neptun	23 Grad Steinbock
Pluto	30 Grad Skorpion

26.1.	Merkur	R	22 Grad Wassermann
16.2.	Merkur	D	6 Grad Wassermann
4.3.	Pluto	R	1 Grad Schütze

Neumond	1.1.	11 Grad Steinbock
Vollmond	16.1.	27 Grad Krebs
Neumond	30.1.	11 Grad Wassermann
Vollmond	15.2.	27 Grad Löwe
Neumond	1.3.	11 Grad Fische
Vollmond	17.3.	26 Grad Jungfrau
Neumond	31.3.	10 Grad Widder

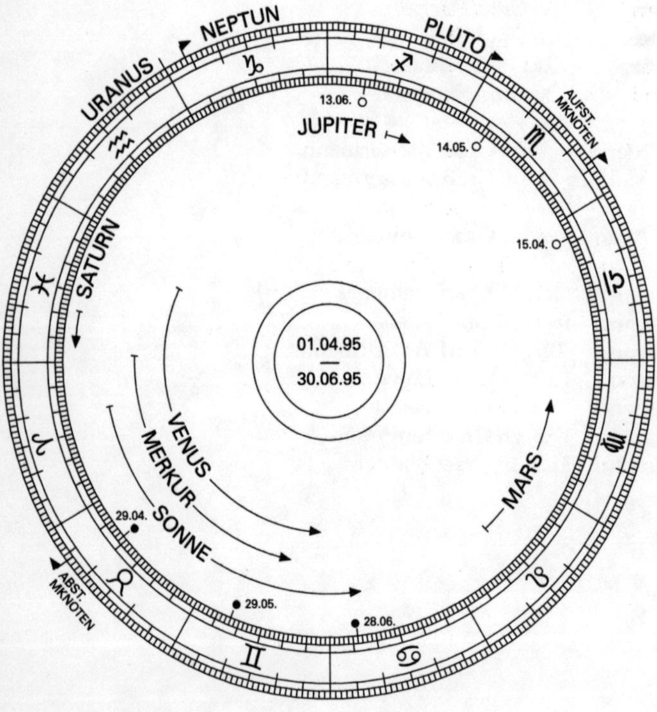
NEPTUN
PLUTO
URANUS
AUFST. MKNOTEN
13.06.
JUPITER
14.05.
SATURN
15.04.
01.04.95
—
30.06.95
VENUS
MERKUR
SONNE
MARS
29.04.
ABST. MKNOTEN
29.05.
28.06.

1.4.1995 – 30.6.1995

Sonne	11 Grad Widder
Mondknoten	6 Grad Skorpion
Merkur	28 Grad Fische
Venus	5 Grad Fische
Mars	14 Grad Löwe
Jupiter R	16 Grad Schütze
Saturn	19 Grad Fische
Uranus	30 Grad Steinbock
Neptun	26 Grad Steinbock
Pluto R	1 Grad Schütze

24.5. Merkur	R	19 Grad Zwillinge

1.4. Jupiter	R	16 Grad Schütze
27.4. Neptun	R	26 Grad Steinbock
5.5. Uranus	R	1 Grad Wassermann

Vollmond	15.4.	26 Grad Waage Mondfinsternis
Neumond	29.4.	9 Grad Stier Sonnenfinsternis
Vollmond	14.5.	24 Grad Skorpion
Neumond	29.5.	8 Grad Zwillinge
Vollmond	13.6.	22 Grad Schütze
Neumond	28.6.	6 Grad Krebs

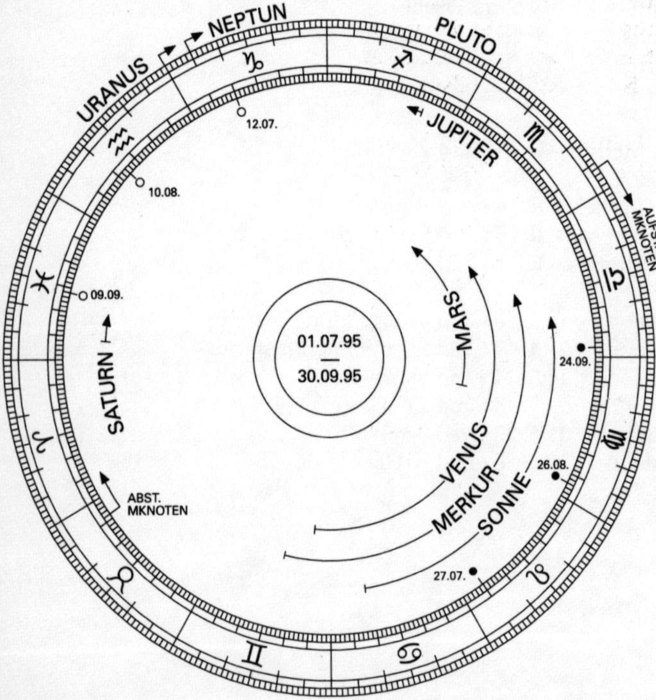
NEPTUN
URANUS
PLUTO
JUPITER
12.07.
10.08.
AUFST. MKNOTEN
09.09.
SATURN
01.07.95
—
30.09.95
MARS
24.09.
VENUS
MERKUR
SONNE
26.08.
ABST. MKNOTEN
27.07.

1.7.1995 – 30.9.1995

Sonne	9 Grad Krebs
Mondknoten	4 Grad Skorpion
Merkur R	17 Grad Zwillinge
Venus	25 Grad Zwillinge
Mars	19 Grad Jungfrau
Jupiter R	8 Grad Schütze
Saturn	25 Grad Fische
Uranus R	30 Grad Steinbock
Neptun R	25 Grad Steinbock
Pluto R	29 Grad Skorpion

17.6. Merkur	D	10 Grad Zwillinge
22.9. Merkur	R	21 Grad Waage

6.7. Saturn	R	25 Grad Fische
2.8. Jupiter	D	6 Grad Schütze
8.8. Pluto	D	28 Grad Skorpion

Vollmond	12.7.	20 Grad Steinbock
Neumond	27.7.	5 Grad Löwe
Vollmond	10.8.	18 Grad Wassermann
Neumond	26.8.	3 Grad Jungfrau
Vollmond	9.9.	16 Grad Fische
Neumond	24.9.	2 Grad Waage

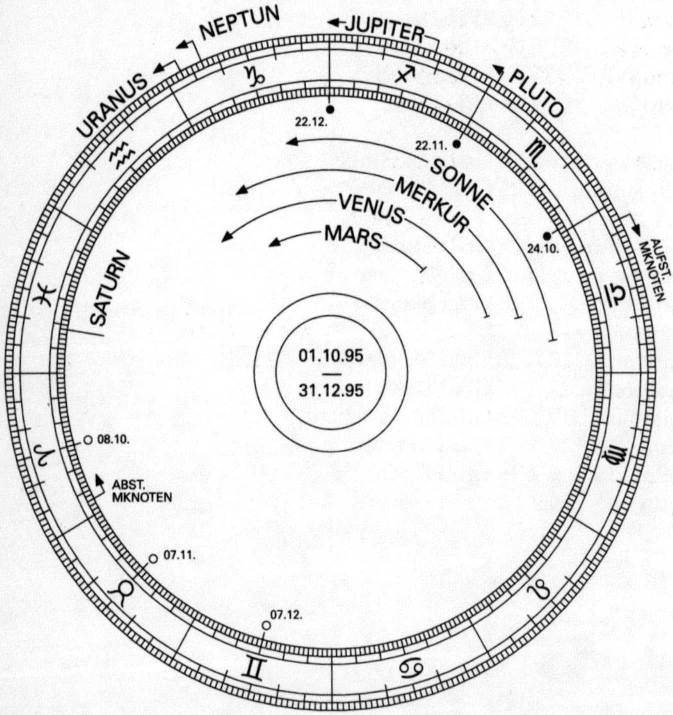
NEPTUN
JUPITER
URANUS
PLUTO
22.12.
22.11.
SONNE
MERKUR
VENUS
MARS
24.10.
AUFST. MKNOTEN
SATURN
01.10.95
—
31.12.95
08.10.
ABST. MKNOTEN
07.11.
07.12.

1.10.1995 – 32.12.1995

Sonne	8 Grad Waage
Mondknoten	27 Grad Waage
Merkur R	16 Grad Waage
Venus	19 Grad Waage
Mars	17 Grad Skorpion
Jupiter	11 Grad Schütze
Saturn R	21 Grad Fische
Uranus R	27 Grad Steinbock
Neptun R	23 Grad Steinbock
Pluto	29 Grad Skorpion

14.10. Merkur D 5 Grad Waage

5.10.	Neptun	D	23 Grad Steinbock
6.10.	Uranus	D	27 Grad Steinbock
21.11.	Saturn	D	18 Grad Fische

Vollmond	8.10.	15 Grad Widder Mondfinsternis
Neumond	24.10.	1 Grad Skorpion Sonnenfinsternis
Vollmond	7.11.	15 Grad Stier
Neumond	22.11.	30 Grad Skorpion
Vollmond	7.12.	15 Grad Zwillinge
Neumond	22.12.	30 Grad Schütze

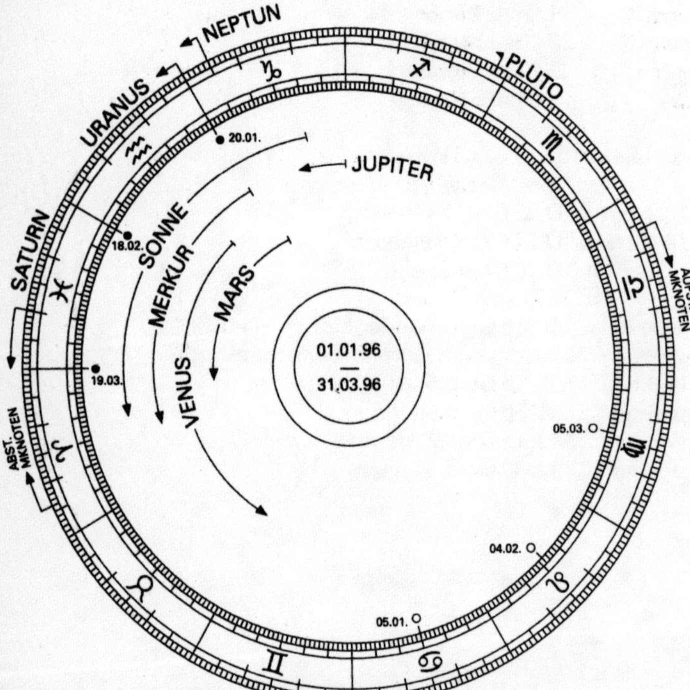
NEPTUN
URANUS
PLUTO
SATURN
JUPITER
SONNE
MERKUR
MARS
VENUS
AUFST. MKNOTEN
ABST. MKNOTEN
20.01.
18.02.
19.03.
05.03.
04.02.
05.01.
01.01.96
—
31.03.96

1.1.1996 – 31.3.1996

Sonne	10 Grad Steinbock
Mondknoten	24 Grad Waage
Merkur	29 Grad Steinbock
Venus	13 Grad Wassermann
Mars	25 Grad Steinbock
Jupiter	30 Grad Schütze
Saturn	20 Grad Fische
Uranus	30 Grad Steinbock
Neptun	25 Grad Steinbock
Pluto	2 Grad Schütze

9.1.	Merkur	R	6 Grad Wassermann
30.1.	Merkur	D	20 Grad Steinbock

5.3.	Pluto	R	4 Grad Schütze

Vollmond	5.1.	15 Grad Krebs
Neumond	20.1.	30 Grad Steinbock
Vollmond	4.2.	16 Grad Löwe
Neumond	18.2.	30 Grad Wassermann
Vollmond	5.3.	16 Grad Jungfrau
Neumond	19.3.	30 Grad Fische

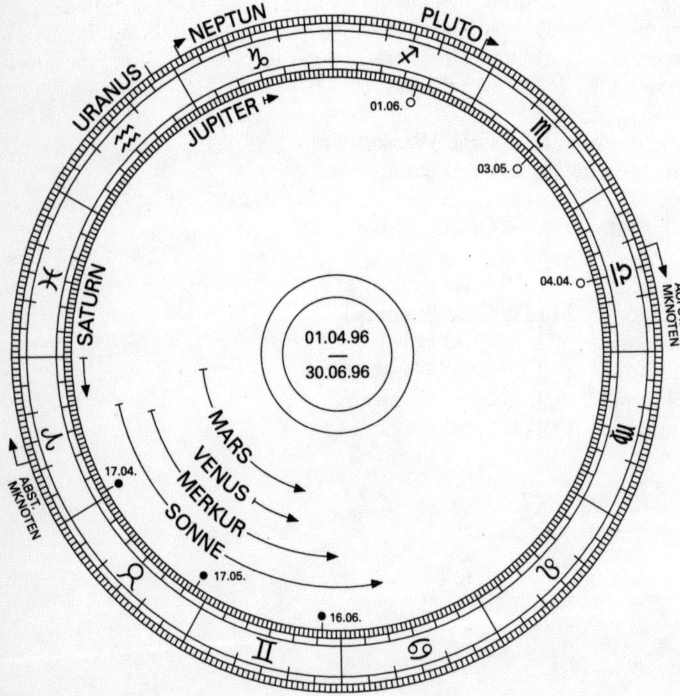

NEPTUN
PLUTO
URANUS
JUPITER
01.06.
03.05.
04.04.
AUFST. MKNOTEN
SATURN
01.04.96
—
30.06.96
MARS
VENUS
MERKUR
SONNE
17.04.
ABST. MKNOTEN
17.05.
16.06.

1.4.1996 – 30.6.1996

Sonne	12 Grad Widder
Mondknoten	18 Grad Waage
Merkur	16 Grad Widder
Venus	28 Grad Stier
Mars	6 Grad Widder
Jupiter	16 Grad Steinbock
Saturn	30 Grad Fische
Uranus	4 Grad Wassermann
Neptun	28 Grad Steinbock
Pluto R	3 Grad Schütze

3.5.	Merkur	R 29 Grad Stier
27.5.	Merkur	D 20 Grad Stier

29.4.	Neptun	R 28 Grad Steinbock
8.5.	Uranus	R 5 Grad Wassermann
20.5.	Venus	R 29 Grad Zwillinge
1.6.	Jupiter	R 17 Grad Steinbock

Vollmond	4.4.	15 Grad Waage Mondfinsternis
Neumond	17.4.	29 Grad Widder Sonnenfinsternis
Vollmond	3.5.	14 Grad Skorpion
Neumond	17.5.	27 Grad Stier
Vollmond	1.6.	12 Grad Schütze
Neumond	16.6.	26 Grad Zwillinge

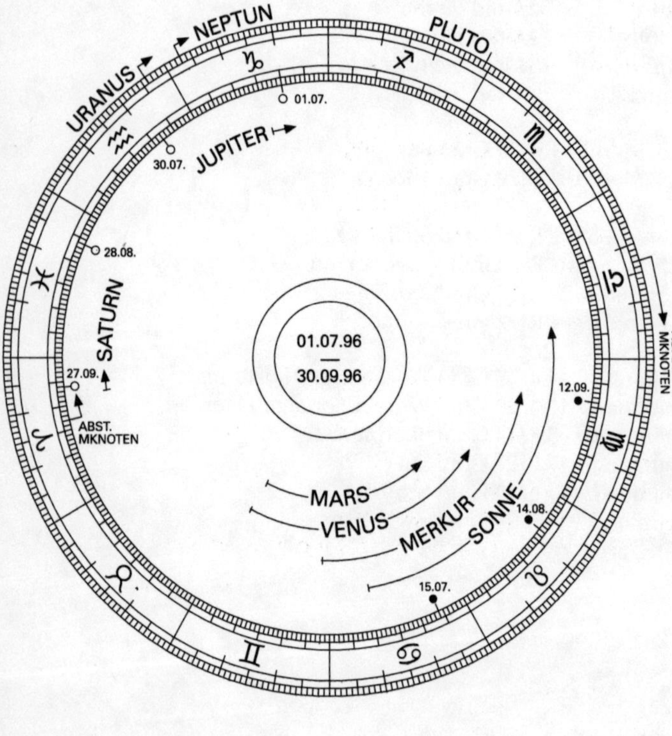
URANUS
NEPTUN
PLUTO
01.07.
JUPITER
30.07.
28.08.
SATURN
27.09.
ABST.
MKNOTEN
01.07.96
—
30.09.96
AUFST.
MKNOTEN
12.09.
MARS
VENUS
MERKUR
SONNE
14.08.
15.07.

1.7.1996 – 30.9.1996

Sonne	10 Grad Krebs
Mondknoten	13 Grad Waage
Merkur	28 Grad Zwillinge
Venus R	12 Grad Zwillinge
Mars	13 Grad Zwillinge
Jupiter R	14 Grad Steinbock
Saturn	8 Grad Widder
Uranus R	4 Grad Wassermann
Neptun R	27 Grad Steinbock
Pluto R	1 Grad Schütze

2.7.	Venus	D	12 Grad Zwillinge
18.7.	Saturn	R	8 Grad Widder
10.8.	Pluto	D	1 Grad Schütze
3.9.	Jupiter	D	8 Grad Steinbock

4.9.	Merkur	R	30 Grad Waage
26.9.	Merkur	D	20 Grad Jungfrau

Vollmond	1.7.	10 Grad Steinbock
Neumond	15.7.	24 Grad Krebs
Vollmond	30.7.	8 Grad Wassermann
Neumond	14.8.	22 Grad Löwe
Vollmond	28.8.	6 Grad Fische
Neumond	12.9.	21 Grad Jungfrau
Vollmond	27.9.	5 Grad Widder Mondfinsternis

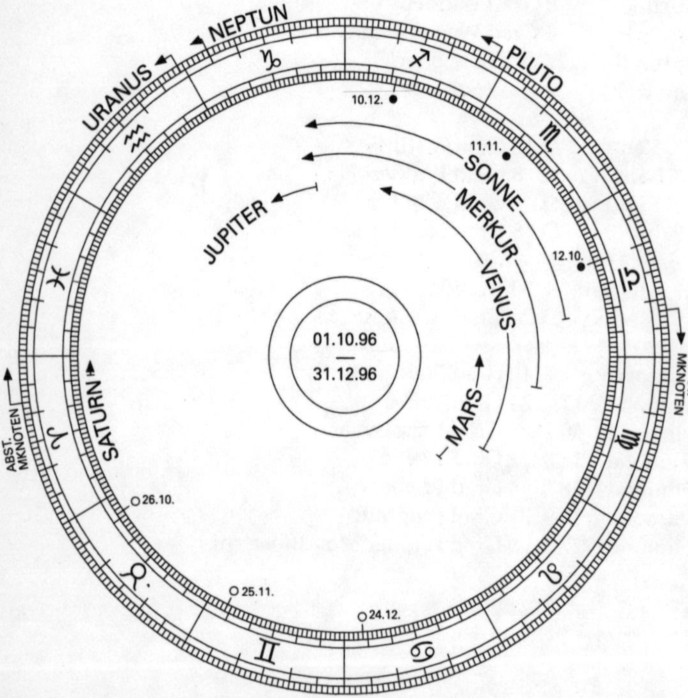
NEPTUN
URANUS
PLUTO
10.12.
11.11.
SONNE
MERKUR
JUPITER
12.10.
VENUS
01.10.96
—
31.12.96
AUFST. MKNOTEN
MARS
ABST. MKNOTEN
SATURN
26.10.
25.11.
24.12.

1.10.1996 – 31.12.1996

Sonne	9 Grad Waage
Mondknoten	8 Grad Waage
Merkur	21 Grad Jungfrau
Venus	27 Grad Löwe
Mars	14 Grad Löwe
Jupiter	9 Grad Steinbock
Saturn R	4 Grad Widder
Uranus R	1 Grad Wassermann
Neptun R	25 Grad Steinbock
Pluto	2 Grad Schütze

6.10.	Neptun	D	25 Grad Steinbock
10.10.	Uranus	D	1 Grad Wassermann
3.12.	Saturn	D	1 Grad Widder

23.12. Merkur R 20 Grad Schütze

Neumond	12.10.	20 Grad Waage Sonnenfinsternis
Vollmond	26.10.	4 Grad Stier
Neumond	11.11.	20 Grad Skorpion
Vollmond	25.11.	4 Grad Zwillinge
Neumond	10.12.	19 Grad Schütze
Vollmond	24.12.	4 Grad Krebs

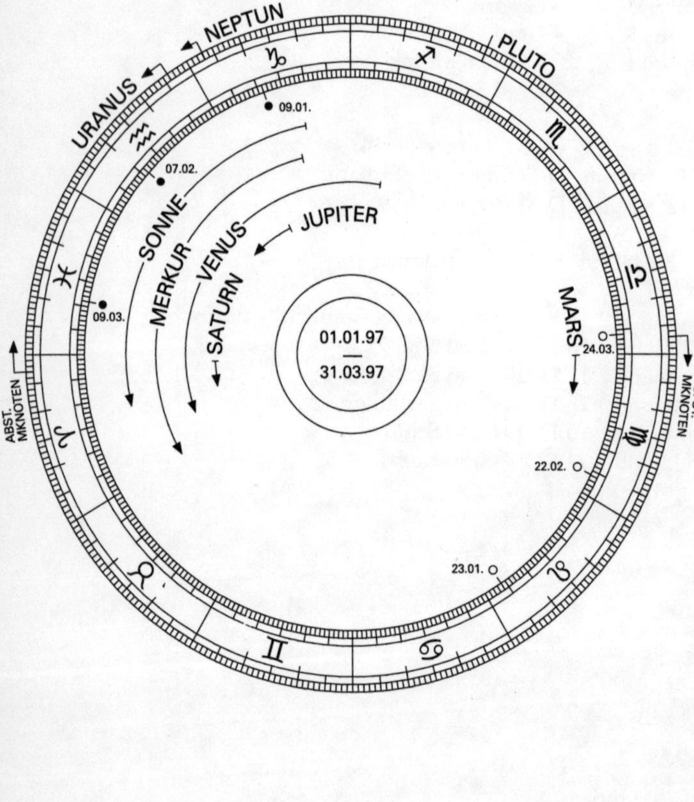
NEPTUN
PLUTO
URANUS
09.01.
07.02.
SONNE
MERKUR
VENUS
JUPITER
SATURN
09.03.
MARS
24.03.
01.01.97
—
31.03.97
ABST. MKNOTEN
AUFST. MKNOTEN
22.02.
23.01.

1.1.1997 – 31.3.1997

Sonne	11 Grad Steinbock
Mondknoten	3 Grad Waage
Merkur R	14 Grad Steinbock
Venus	19 Grad Schütze
Mars	30 Grad Jungfrau
Jupiter	26 Grad Steinbock
Saturn	2 Grad Widder
Uranus	4 Grad Wassermann
Neptun	27 Grad Steinbock
Pluto	5 Grad Schütze

12.1. Merkur	D	4 Grad Steinbock
6.2. Mars	R	6 Grad Waage
8.3. Pluto	R	6 Grad Schütze

Neumond	9.1.	19 Grad Steinbock
Vollmond	23.1.	4 Grad Löwe
Neumond	7.2.	19 Grad Wassermann
Vollmond	22.2.	4 Grad Jungfrau
Neumond	9.3.	19 Grad Fische Sonnenfinsternis
Vollmond	24.3.	4 Grad Waage Mondfinsternis

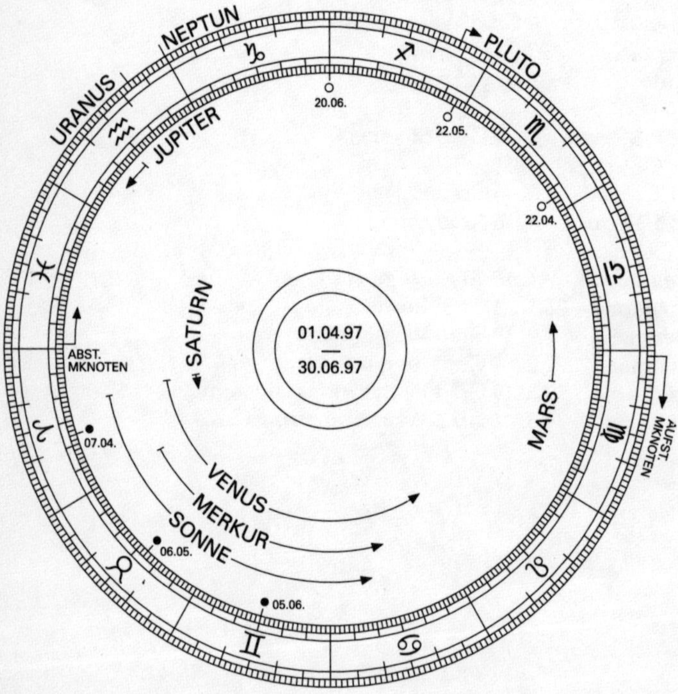
NEPTUN
URANUS
PLUTO
JUPITER
20.06.
22.05.
22.04.
SATURN
01.04.97
30.06.97
ABST.
MKNOTEN
AUFST.
MKNOTEN
MARS
07.04.
VENUS
MERKUR
SONNE
06.05.
05.06.

1.4.1997 – 30.6.1997

Sonne	12 Grad Widder
Mondknoten	29 Grad Jungfrau
Merkur	30 Grad Widder
Venus	11 Grad Widder
Mars R	22 Grad Jungfrau
Jupiter	16 Grad Wassermann
Saturn	11 Grad Widder
Uranus	8 Grad Wassermann
Neptun	30 Grad Steinbock
Pluto R	6 Grad Schütze

1.5.	Merkur	R	5 Grad Stier
8.5.	Merkur	D	30 Grad Widder

27.4.	Mars	D	17 Grad Jungfrau
1.5.	Neptun	R	30 Grad Steinbock
13.5.	Uranus	R	9 Grad Wassermann
10.6.	Jupiter	R	22 Grad Wassermann

Neumond	7.4.	18 Grad Widder
Vollmond	22.4.	3 Grad Skorpion
Neumond	6.5.	17 Grad Stier
Vollmond	22.5.	2 Grad Schütze
Neumond	5.6.	15 Grad Zwillinge
Vollmond	20.6.	30 Grad Schütze

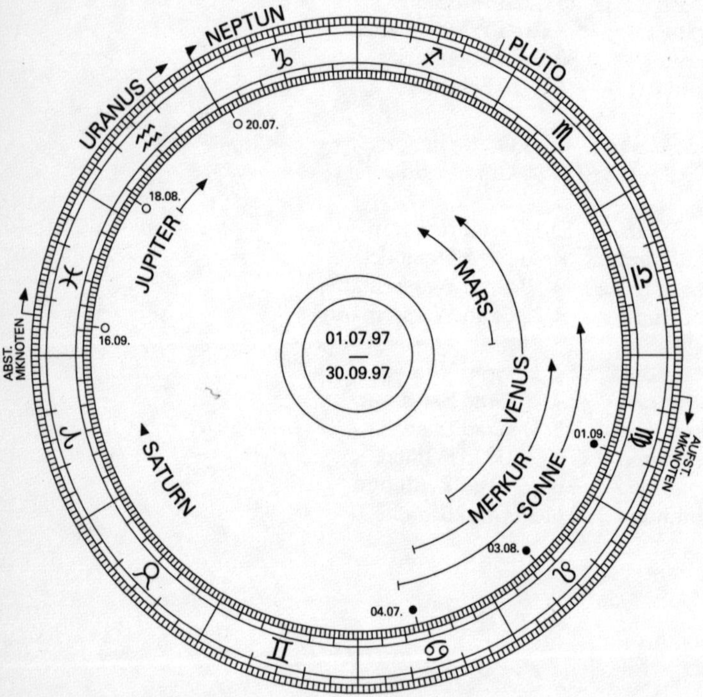
NEPTUN
PLUTO
URANUS
20.07.
18.08.
JUPITER
MARS
ABST.
MKNOTEN
16.09.
01.07.97
—
30.09.97
VENUS
01.09.
AUFST.
MKNOTEN
SATURN
MERKUR
SONNE
03.08.
04.07.

1.7.1997 – 30.9.1997

Sonne	10 Grad Krebs
Mondknoten	23 Grad Jungfrau
Merkur	16 Grad Krebs
Venus	3 Grad Löwe
Mars	6 Grad Waage
Jupiter R	22 Grad Wassermann
Saturn	20 Grad Widder
Uranus R	8 Grad Wassermann
Neptun R	30 Grad Steinbock
Pluto R	4 Grad Schütze

17.8.	Merkur	R	17 Grad Jungfrau
10.9.	Merkur	D	3 Grad Jungfrau
1.8.	Saturn	R	21 Grad Widder
13.8.	Pluto	D	3 Grad Schütze

Neumond	4.7.	13 Grad Krebs
Vollmond	20.7.	28 Grad Steinbock
Neumond	3.8.	12 Grad Löwe
Vollmond	18.8.	26 Grad Wassermann
Neumond	1.9.	10 Grad Jungfrau Sonnenfinsternis
Vollmond	16.9.	24 Grad Fische Mondfinsternis

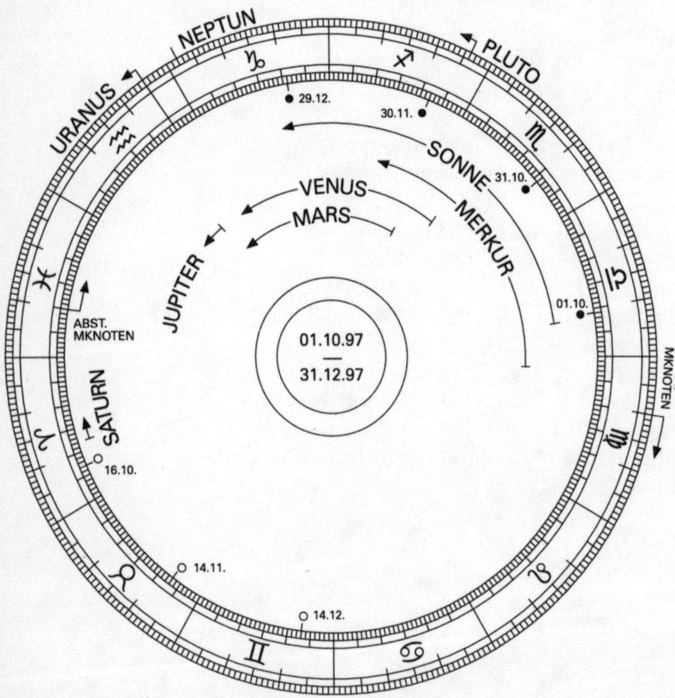
NEPTUN
PLUTO
URANUS
29.12.
30.11.
SONNE
31.10.
VENUS
MARS
MERKUR
JUPITER
01.10.
ABST.
MKNOTEN
01.10.97
—
31.12.97
AUFST.
MKNOTEN
SATURN
16.10.
14.11.
14.12.

1.10.1997 – 31.12.1997

Sonne	8 Grad Waage
Mondknoten	20 Grad Jungfrau
Merkur	28 Grad Jungfrau
Venus	22 Grad Skorpion
Mars	2 Grad Schütze
Jupiter R	13 Grad Wassermann
Saturn R	18 Grad Widder
Uranus R	5 Grad Wassermann
Neptun R	28 Grad Steinbock
Pluto	4 Grad Schütze

8.10.	Jupiter	D	13 Grad Wassermann
9.10.	Neptun	D	28 Grad Steinbock
14.10.	Uranus	D	5 Grad Wassermann
16.12.	Saturn	D	14 Grad Widder
26.12.	Venus	R	4 Grad Wassermann

7.12.	Merkur	R	4 Grad Steinbock
27.12.	Merkur	D	18 Grad Schütze

Neumond	1.10.	9 Grad Waage
Vollmond	16.10.	23 Grad Widder
Neumond	31.10.	9 Grad Skorpion
Vollmond	14.11.	23 Grad Stier
Neumond	30.11.	8 Grad Schütze
Vollmond	14.12.	23 Grad Zwillinge
Neumond	29.12.	9 Grad Steinbock

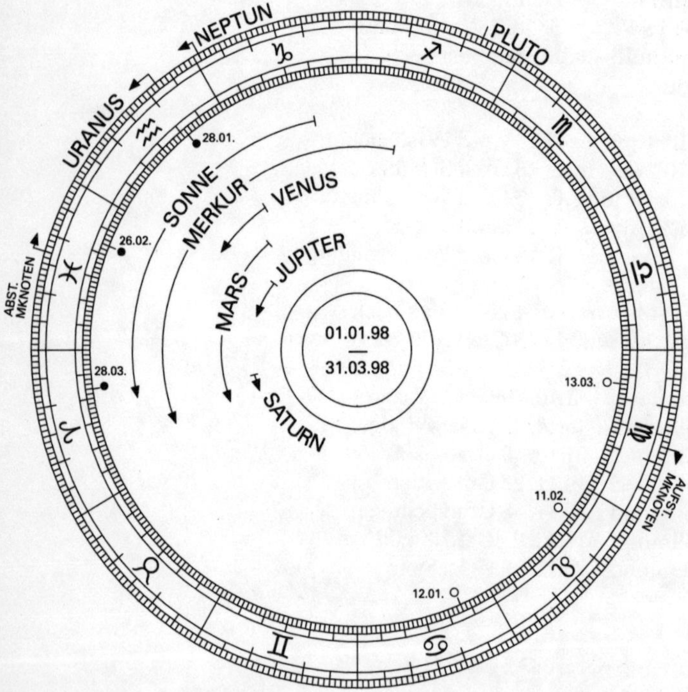
NEPTUN
PLUTO
URANUS
28.01.
SONNE
MERKUR
VENUS
26.02.
JUPITER
ABST. MKNOTEN
MARS
01.01.98
31.03.98
28.03.
SATURN
13.03.
AUFST. MKNOTEN
11.02.
12.01.

1.1.1998 – 31.3.1998

Sonne	11 Grad Steinbock
Mondknoten	13 Grad Jungfrau
Merkur	19 Grad Schütze
Venus R	4 Grad Wassermann
Mars	11 Grad Wassermann
Jupiter	23 Grad Wassermann
Saturn	14 Grad Widder
Uranus	8 Grad Wassermann
Neptun	29 Grad Steinbock
Pluto	7 Grad Schütze

5.2. Venus	D	19 Grad Steinbock
11.3. Pluto	R	9 Grad Schütze

27.3. Merkur R 22 Grad Widder

Vollmond	12.1.	23 Grad Krebs
Neumond	28.1.	9 Grad Wassermann
Vollmond	11.2.	23 Grad Löwe
Neumond	26.2.	8 Grad Fische Sonnenfinsternis
Vollmond	13.3.	23 Grad Jungfrau Mondfinsternis
Neumond	28.3.	8 Grad Widder

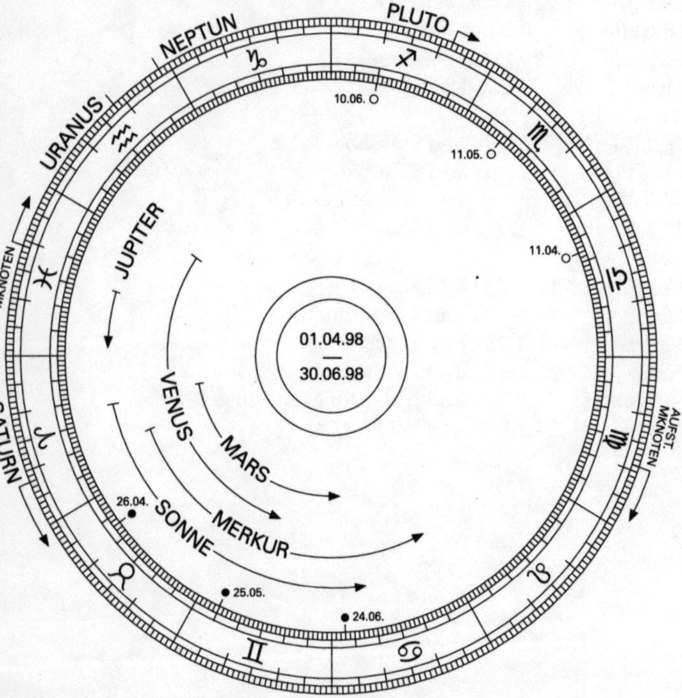
PLUTO
NEPTUN
URANUS
ABST. MKNOTEN
JUPITER
SATURN
VENUS
MARS
MERKUR
SONNE
AUFST. MKNOTEN
10.06.
11.05.
11.04.
26.04.
25.05.
24.06.
01.04.98
—
30.06.98

1.4.1998 – 30.6.1998

Sonne	12 Grad Widder
Mondknoten	11 Grad Jungfrau
Merkur R	21 Grad Widder
Venus	25 Grad Wassermann
Mars	21 Grad Widder
Jupiter	14 Grad Fische
Saturn	22 Grad Widder
Uranus	12 Grad Wassermann
Neptun	2 Grad Wassermann
Pluto R	8 Grad Schütze

20.4.	Merkur	D	10 Grad Widder
4.5.	Neptun	R	3 Grad Wassermann
17.5.	Uranus	R	13 Grad Wassermann

Vollmond	11.4.	22 Grad Waage
Neumond	26.4.	7 Grad Stier
Vollmond	11.5.	21 Grad Skorpion
Neumond	25.5.	5 Grad Zwillinge
Vollmond	10.6.	20 Grad Schütze
Neumond	24.6.	3 Grad Krebs

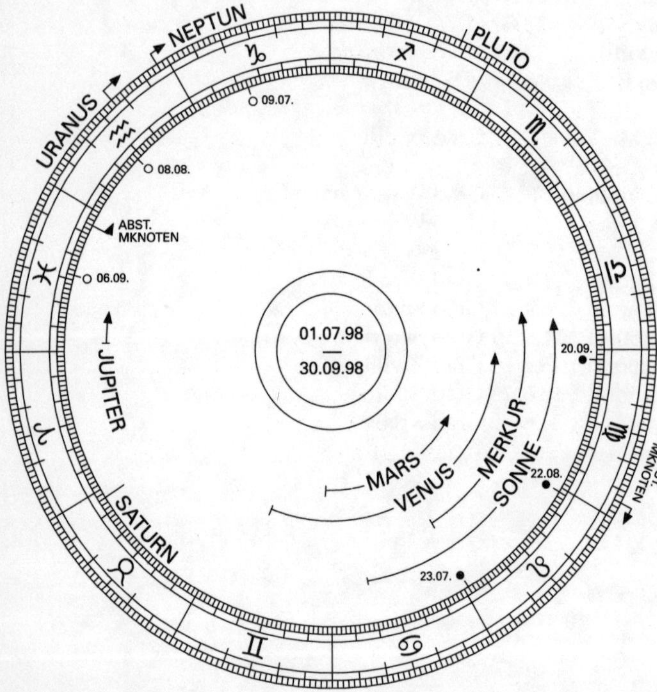
NEPTUN
PLUTO
URANUS
09.07.
08.08.
ABST.
MKNOTEN
06.09.
JUPITER
01.07.98
—
30.09.98
20.09.
MARS
VENUS
MERKUR
SONNE
22.08.
AUFST.
MKNOTEN
SATURN
23.07.

1.7.1998 – 30.9.1998

Sonne	9 Grad Krebs
Mondknoten	3 Grad Jungfrau
Merkur	1 Grad Löwe
Venus	8 Grad Zwillinge
Mars	27 Grad Zwillinge
Jupiter	28 Grad Fische
Saturn	2 Grad Stier
Uranus R	12 Grad Wassermann
Neptun R	2 Grad Wassermann
Pluto R	6 Grad Schütze

31.7. Merkur	R	29 Grad Löwe
23.8. Merkur	D	23 Grad Löwe
18.7. Jupiter	R	29 Grad Fische
15.8. Saturn	R	4 Grad Stier
16.8. Pluto	D	6 Grad Schütze

Vollmond	9.7.	18 Grad Steinbock
Neumond	23.7.	1 Grad Löwe
Vollmond	8.8.	16 Grad Wassermann Mondfinsternis
Neumond	22.8.	29 Grad Löwe Sonnenfinsternis
Vollmond	6.9.	14 Grad Fische Mondfinsternis
Neumond	20.9.	28 Grad Jungfrau

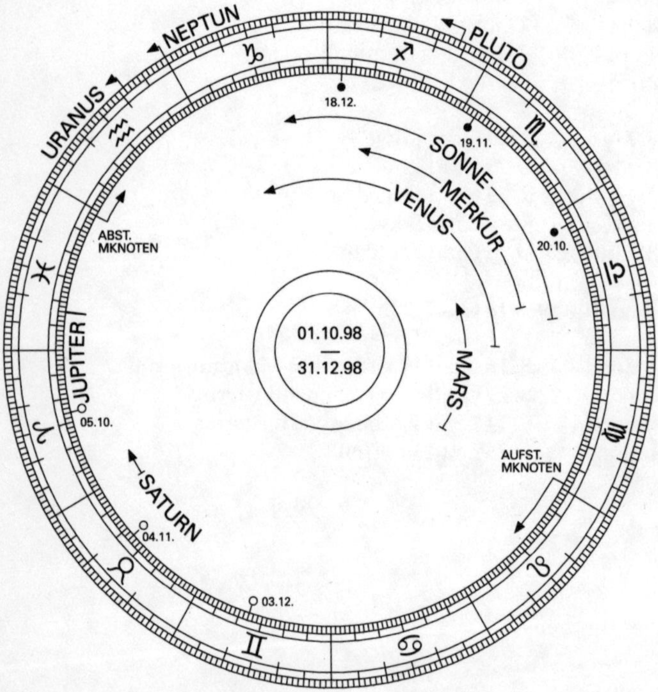
01.10.98
—
31.12.98
NEPTUN
PLUTO
URANUS
SONNE
MERKUR
VENUS
MARS
JUPITER
SATURN
ABST.
MKNOTEN
AUFST.
MKNOTEN
18.12.
19.11.
20.10.
05.10.
04.11.
03.12.

1.10.1998 – 31.12.1998

Sonne	8 Grad Waage
Mondknoten	1 Grad Jungfrau
Merkur	12 Grad Waage
Venus	1 Grad Waage
Mars	26 Grad Löwe
Jupiter R	22 Grad Fische
Saturn R	2 Grad Stier
Uranus R	9 Grad Wassermann
Neptun R	30 Grad Steinbock
Pluto	6 Grad Schütze

21.11.	Merkur	R	18 Grad Schütze
11.12.	Merkur	D	2 Grad Schütze

11.10.	Neptun	D	30 Grad Steinbock
18.10.	Uranus	D	9 Grad Wassermann
13.11.	Jupiter	D	19 Grad Fische
29.12.	Saturn	D	27 Grad Widder

Vollmond	5.10.	13 Grad Widder
Neumond	20.10.	27 Grad Waage
Vollmond	4.11.	12 Grad Stier
Neumond	19.11.	27 Grad Skorpion
Vollmond	3.12.	12 Grad Zwillinge
Neumond	18.12.	27 Grad Schütze

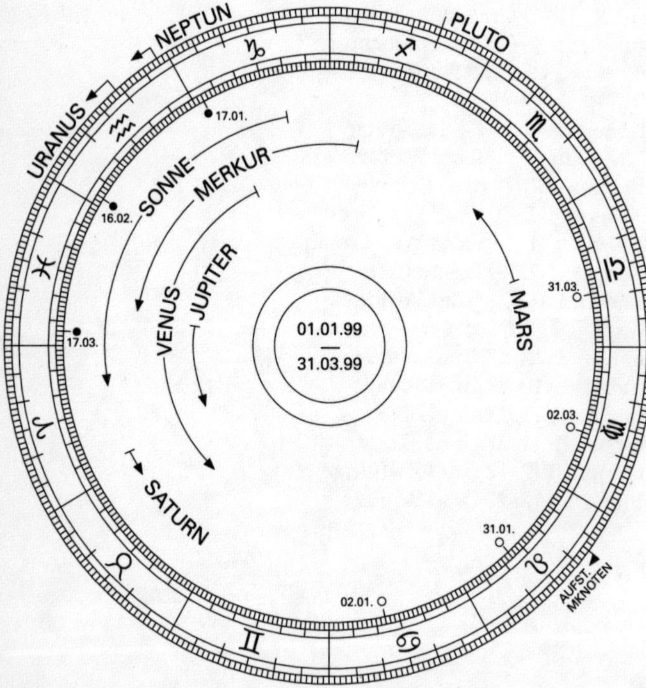
NEPTUN
PLUTO
URANUS
17.01.
SONNE
MERKUR
16.02.
JUPITER
VENUS
MARS
31.03.
01.01.99
—
31.03.99
17.03.
02.03.
SATURN
31.01.
AUFST. MKNOTEN
02.01.

1.1.1999 – 31.3.1999

Sonne	11 Grad Steinbock
Mondknoten	23 Grad Löwe
Merkur	22 Grad Schütze
Venus	26 Grad Steinbock
Mars	19 Grad Waage
Jupiter	22 Grad Fische
Saturn	27 Grad Widder
Uranus	11 Grad Wassermann
Neptun	2 Grad Wassermann
Pluto	10 Grad Schütze

10.3. Merkur	R	5 Grad Widder
13.3. Pluto	R	11 Grad Schütze
18.3. Mars	R	13 Grad Skorpion

Vollmond	2.1.	12 Grad Krebs	
Neumond	17.1.	28 Grad Steinbock	
Vollmond	31.1.	12 Grad Löwe	Mondfinsternis
Neumond	16.2.	28 Grad Wassermann	Sonnenfinsternis
Vollmond	2.3.	12 Grad Jungfrau	
Neumond	17.3.	27 Grad Fische	
Vollmond	31.3.	11 Grad Waage	

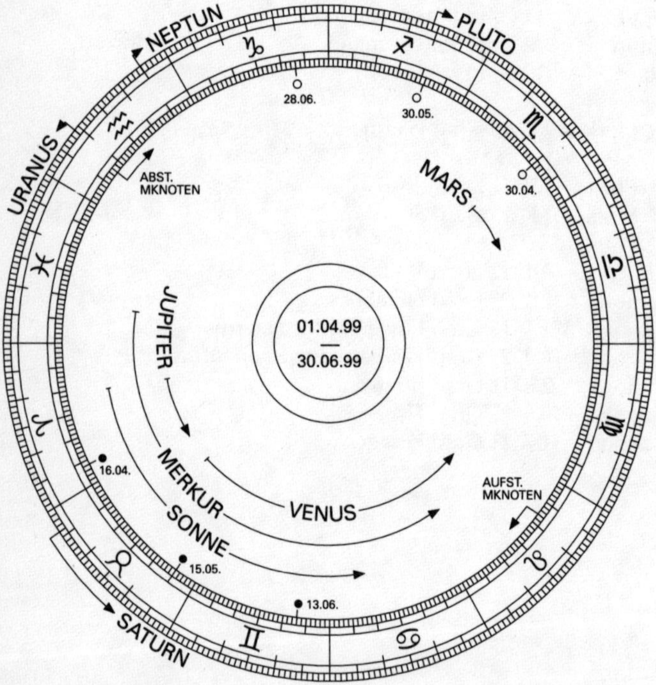
NEPTUN
PLUTO
URANUS
ABST.
MKNOTEN
28.06.
30.05.
30.04.
MARS
JUPITER
01.04.99
—
30.06.99
16.04.
MERKUR
VENUS
SONNE
AUFST.
MKNOTEN
15.05.
13.06.
SATURN

1.4.1999 – 30.6.1999

Sonne	11 Grad Widder
Mondknoten	22 Grad Löwe
Merkur R	21 Grad Fische
Venus	17 Grad Stier
Mars R	12 Grad Skorpion
Jupiter	12 Grad Widder
Saturn	4 Grad Stier
Uranus	16 Grad Wassermann
Neptun	5 Grad Wassermann
Pluto R	11 Grad Schütze

2.4. Merkur	D	21 Grad Fische

7.5. Neptun	R	5 Grad Wassermann
21.5. Uranus	R	17 Grad Wassermann
4.6. Mars	D	25 Grad Waage

Neumond	16.4.	26 Grad Widder
Vollmond	30.4.	10 Grad Skorpion
Neumond	15.5.	25 Grad Stier
Vollmond	30.5.	9 Grad Schütze
Neumond	13.6.	23 Grad Zwillinge
Vollmond	28.6.	7 Grad Steinbock

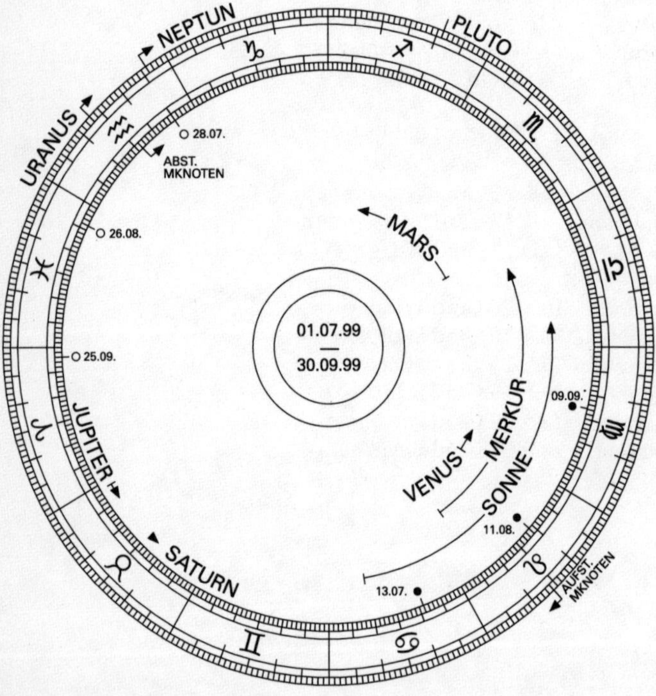

NEPTUN
PLUTO
URANUS
O 28.07.
ABST.
MKNOTEN
MARS
O 26.08.
01.07.99
—
30.09.99
O 25.09.
09.09.
MERKUR
JUPITER
VENUS
SONNE
11.08.
SATURN
AUFST.
MKNOTEN
13.07.

1.7.1999 – 30.9.1999

Sonne	9 Grad Krebs
Mondknoten	14 Grad Löwe
Merkur	5 Grad Löwe
Venus	23 Grad Löwe
Mars	29 Grad Waage
Jupiter	1 Grad Stier
Saturn	15 Grad Stier
Uranus R	17 Grad Wassermann
Neptun R	4 Grad Wassermann
Pluto R	9 Grad Schütze

9.7. Merkur	R	10 Grad Löwe
6.8. Merkur	D	29 Grad Krebs

19.8. Pluto	D	8 Grad Schütze
25.8. Jupiter	R	5 Grad Stier
30.8. Saturn	R	18 Grad Stier

Neumond	13.7.	21 Grad Krebs
Vollmond	28.7.	5 Grad Wassermann Mondfinsternis
Neumond	11.8.	19 Grad Löwe Sonnenfinsternis
Vollmond	26.8.	4 Grad Fische
Neumond	9.9.	17 Grad Jungfrau
Vollmond	25.9.	2 Grad Widder

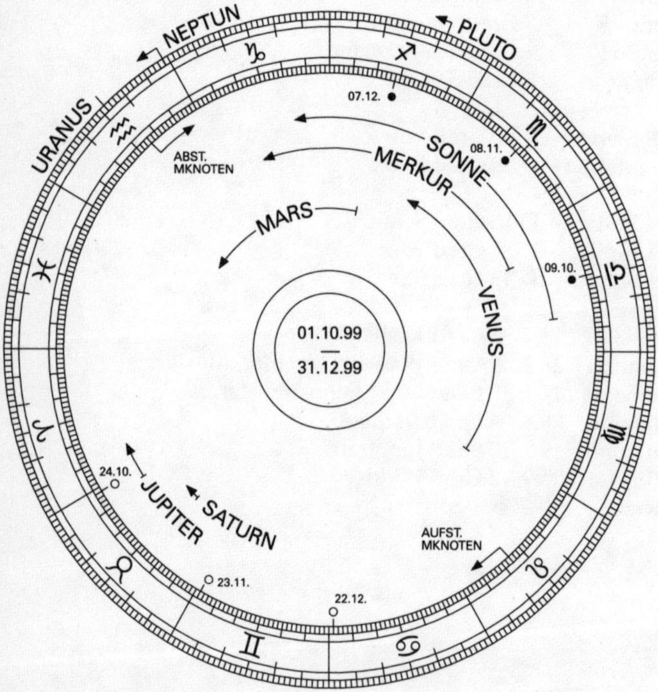
NEPTUN
PLUTO
URANUS
ABST.
MKNOTEN
07.12.
SONNE
08.11.
MERKUR
MARS
09.10.
VENUS
01.10.99
—
31.12.99
24.10.
JUPITER
SATURN
AUFST.
MKNOTEN
23.11.
22.12.

1.10.1999 – 31.12.1999

Sonne	8 Grad Waage
Mondknoten	12 Grad Löwe
Merkur	24 Grad Waage
Venus	25 Grad Löwe
Mars	19 Grad Schütze
Jupiter R	3 Grad Stier
Saturn R	17 Grad Stier
Uranus R	14 Grad Wassermann
Neptun R	2 Grad Wassermann
Pluto	9 Grad Schütze

5.11.	Merkur	R	2 Grad Schütze
25.11.	Merkur	D	16 Grad Skorpion

14.10.	Neptun	D	2 Grad Wassermann
23.10.	Uranus	D	13 Grad Wassermann
20.12.	Jupiter	D	26 Grad Widder

Neumond	9.10.	16 Grad Waage
Vollmond	24.10.	1 Grad Stier
Neumond	8.11.	16 Grad Skorpion
Vollmond	23.11.	1 Grad Zwillinge
Neumond	7.12.	16 Grad Schütze
Vollmond	22.12.	1 Grad Krebs

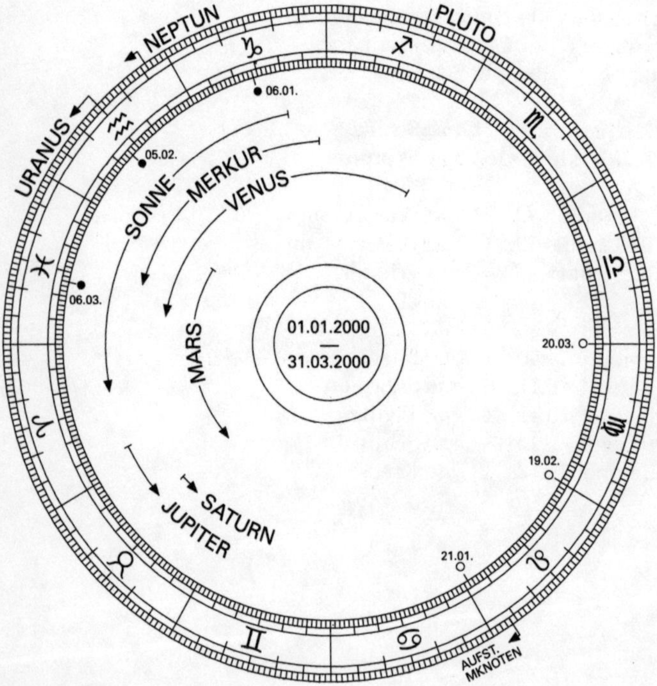
NEPTUN
PLUTO
URANUS
06.01.
05.02.
06.03.
SONNE
MERKUR
VENUS
MARS
01.01.2000
—
31.03.2000
20.03.
19.02.
21.01.
SATURN
JUPITER
AUFST.
MKNOTEN

1.1.2000 – 31.3.2000

Sonne	10 Grad Steinbock
Mondknoten	4 Grad Löwe
Merkur	2 Grad Steinbock
Venus	1 Grad Schütze
Mars	28 Grad Wassermann
Jupiter	26 Grad Widder
Saturn R	11 Grad Stier
Uranus	15 Grad Wassermann
Neptun	4 Grad Wassermann
Pluto	12 Grad Schütze

21.2. Merkur	R	18 Grad Fische
14.3. Merkur	D	3 Grad Fische

12.1. Saturn	D	11 Grad Stier
15.3. Pluto	R	13 Grad Schütze

Neumond	6.1.	16 Grad Steinbock
Vollmond	21.1.	1 Grad Löwe Mondfinsternis
Neumond	5.2.	17 Grad Wassermann Sonnenfinsternis
Vollmond	19.2.	1 Grad Jungfrau
Neumond	6.3.	17 Grad Fische
Vollmond	20.3.	30 Grad Jungfrau

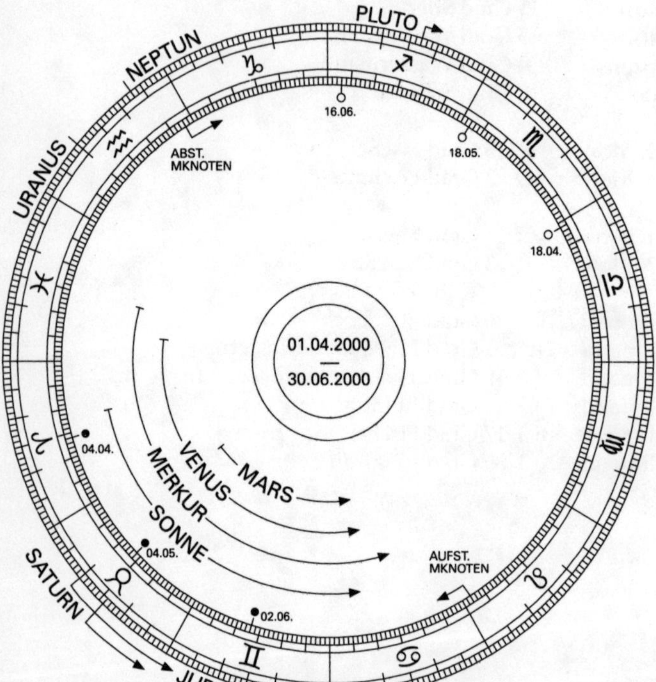
PLUTO
NEPTUN
URANUS
SATURN
JUPITER
16.06.
18.05.
18.04.
ABST.
MKNOTEN
01.04.2000
—
30.06.2000
04.04.
MARS
VENUS
MERKUR
SONNE
04.05.
02.06.
AUFST.
MKNOTEN

1.4.2000 – 30.6.2000

Sonne	12 Grad Widder
Mondknoten	2 Grad Löwe
Merkur	15 Grad Fische
Venus	23 Grad Fische
Mars	7 Grad Stier
Jupiter	10 Grad Stier
Saturn	16 Grad Stier
Uranus	20 Grad Wassermann
Neptun	7 Grad Wassermann
Pluto R	13 Grad Schütze

8.5.	Neptun	R	7 Grad Wassermann
25.5.	Uranus	R	21 Grad Wassermann
23.6.	Merkur	R	20 Grad Krebs

Neumond	4.4.	16 Grad Widder
Vollmond	18.4.	29 Grad Waage
Neumond	4.5.	14 Grad Stier
Vollmond	18.5.	28 Grad Skorpion
Neumond	2.6.	13 Grad Zwillinge
Vollmond	16.6.	27 Grad Schütze

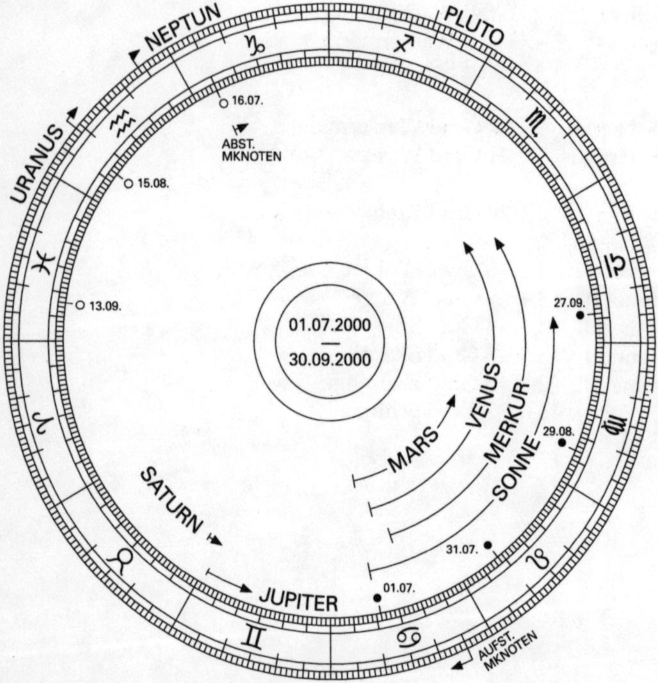
NEPTUN
PLUTO
URANUS
16.07.
ABST.
MKNOTEN
15.08.
13.09.
01.07.2000
—
30.09.2000
27.09.
VENUS
MERKUR
MARS
SONNE
29.08.
SATURN
31.07.
01.07.
JUPITER
AUFST.
MKNOTEN

1.7.2000 – 30.9.2000

Sonne	10 Grad Krebs
Mondknoten	25 Grad Krebs
Merkur R	18 Grad Krebs
Venus	14 Grad Krebs
Mars	10 Grad Krebs
Jupiter	1 Grad Zwillinge
Saturn	27 Grad Stier
Uranus R	21 Grad Wassermann
Neptun R	6 Grad Wassermann
Pluto R	11 Grad Schütze

17.7. Merkur	D 11 Grad Krebs
20.8. Pluto	D 11 Grad Schütze

Neumond	1.7.	11 Grad Krebs Sonnenfinsternis
Vollmond	16.7.	25 Grad Steinbock Mondfinsternis
Neumond	31.7.	9 Grad Löwe Sonnenfinsternis
Vollmond	15.8.	23 Grad Wassermann
Neumond	29.8.	7 Grad Jungfrau
Vollmond	13.9.	22 Grad Fische
Neumond	27.9.	6 Grad Waage

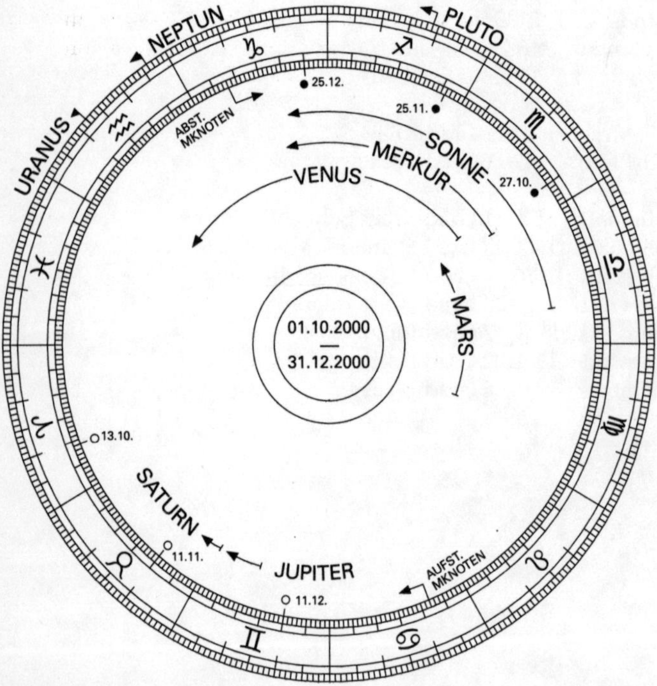

PLUTO
NEPTUN
URANUS
ABST. MKNOTEN
25.12.
25.11.
SONNE
MERKUR
VENUS
27.10.
MARS
01.10.2000
—
31.12.2000
13.10.
SATURN
11.11.
JUPITER
11.12.
AUFST. MKNOTEN

1.10.2000 – 31.12.2000

Sonne	9 Grad Waage	– 10 Grad Steinbock
Mondknoten	22 Grad Krebs	– 16 Grad Krebs
Merkur	3 Grad Skorpion	– 13 Grad Steinbock
Venus	8 Grad Skorpion	– 26 Grad Wassermann
Mars	9 Grad Jungfrau	– 5 Grad Skorpion
Jupiter R	12 Grad Zwillinge	– 3 Grad Zwillinge
Saturn R	1 Grad Zwillinge	– 25 Grad Stier
Uranus R	18 Grad Wassermann	– 19 Grad Wassermann
Neptun R	4 Grad Wassermann	– 6 Grad Wassermann
Pluto	11 Grad Schütze	– 14 Grad Schütze

1.11. Merkur R 5 Grad Skorpion
8.11. Merkur D 30 Grad Waage

15.10. Neptun D 4 Grad Wassermann
26.10. Uranus D 17 Grad Wassermann

Vollmond	13.10.	21 Grad Widder
Neumond	27.10.	5 Grad Skorpion
Vollmond	11.11.	20 Grad Stier
Neumond	25.11.	4 Grad Schütze
Vollmond	11.12.	20 Grad Zwillinge
Neumond	25.12.	5 Grad Steinbock

Wo steht die persönliche Sonne in Ihrem Horoskop?
Eine Tabelle zum einfachen Auffinden Ihres Sonnenstands

Stellen Sie in der folgenden Tabelle fest, bei wieviel Grad Ihre Geburtssonne steht. Die Angaben sind auf 1 Grad genau.
Sehen Sie dann in den Tabellen über die Sonne in den Zeichen und in den Dekaden sowie Zwölfteln und in der Fixsternübersicht nach, was Ihr persönlicher Sonnenstand aussagt.

Der ungefähre Sonnenstand bei Ihrer Geburt
Die tatsächlichen persönlichen Daten weichen nicht mehr als höchstens 1 Grad von den angegebenen Gradzahlen ab!

1.1.	10–11 Grad Steinbock	22.1.	1–02 Grad Wassermann
2.1.	11–12 Grad Steinbock	23.1.	2–03 Grad Wassermann
3.1.	12–13 Grad Steinbock	24.1.	3–04 Grad Wassermann
4.1.	13–14 Grad Steinbock	25.1.	4–05 Grad Wassermann
5.1.	14–15 Grad Steinbock	26.1.	5–06 Grad Wassermann
6.1.	15–16 Grad Steinbock	27.1.	6–07 Grad Wassermann
7.1.	16–17 Grad Steinbock	28.1.	7–08 Grad Wassermann
8.1.	17–18 Grad Steinbock	29.1.	8–09 Grad Wassermann
9.1.	18–19 Grad Steinbock	30.1.	9–10 Grad Wassermann
10.1.	19–20 Grad Steinbock	31.1.	10–11 Grad Wassermann
11.1.	20–21 Grad Steinbock		
12.1.	21–22 Grad Steinbock	1.2.	11–12 Grad Wassermann
13.1.	22–23 Grad Steinbock	2.2.	12–13 Grad Wassermann
14.1.	23–24 Grad Steinbock	3.2.	13–14 Grad Wassermann
15.1.	24–25 Grad Steinbock	4.2.	14–15 Grad Wassermann
16.1.	25–26 Grad Steinbock	5.2.	15–16 Grad Wassermann
17.1.	26–27 Grad Steinbock	6.2.	16–17 Grad Wassermann
18.1.	27–28 Grad Steinbock	7.2.	17–18 Grad Wassermann
19.1.	28–29 Grad Steinbock	8.2.	18–19 Grad Wassermann
20.1.	29–30 Grad Steinbock	9.2.	19–20 Grad Wassermann
21.1.	30 Grad Steinbock – 1 Grad Wassermann	10.2.	20–21 Grad Wassermann

11.2. 21–22 Grad Wassermann
12.2. 22–23 Grad Wassermann
13.2. 23–24 Grad Wassermann
14.2. 24–25 Grad Wassermann
15.2. 25–26 Grad Wassermann
16.2. 26–27 Grad Wassermann
17.2. 27–28 Grad Wassermann
18.2. 28–29 Grad Wassermann
19.2. 29–30 Grad Wassermann
20.2. 30 Grad Wassermann – 1 Grad Fische
21.2. 1–02 Grad Fische
22.2. 2–03 Grad Fische
23.2. 3–04 Grad Fische
24.2. 4–05 Grad Fische
25.2. 5–06 Grad Fische
26.2. 6–07 Grad Fische
27.2. 7–08 Grad Fische
28.2. 8–09 Grad Fische
29.2. 9–10 Grad Fische

1.3. 10–11 Grad Fische
2.3. 11–12 Grad Fische
3.3. 12–13 Grad Fische
4.3. 13–14 Grad Fische
5.3. 14–15 Grad Fische
6.3. 15–16 Grad Fische
7.3. 16–17 Grad Fische
8.3. 17–18 Grad Fische
9.3. 18–19 Grad Fische
10.3. 19–20 Grad Fische
11.3. 20–21 Grad Fische
12.3. 21–22 Grad Fische
13.3. 22–23 Grad Fische
14.3. 23–24 Grad Fische
15.3. 24–25 Grad Fische
16.3. 25–26 Grad Fische
17.3. 26–27 Grad Fische
18.3. 27–28 Grad Fische
19.3. 28–29 Grad Fische
20.3. 29–30 Grad Fische
21.3. 30 Grad Fische – 01 Grad Widder
22.3. 1–02 Grad Widder
23.3. 2–03 Grad Widder
24.3. 3–04 Grad Widder
25.3. 4–05 Grad Widder
26.3. 5–06 Grad Widder
27.3. 6–07 Grad Widder
28.3. 7–08 Grad Widder
29.3. 8–09 Grad Widder
30.3. 9–10 Grad Widder
31.3. 10–11 Grad Widder

1.4. 11–12 Grad Widder
2.4. 12–13 Grad Widder
3.4. 13–14 Grad Widder
4.4. 14–15 Grad Widder
5.4. 15–16 Grad Widder
6.4. 16–17 Grad Widder
7.4. 17–18 Grad Widder
8.4. 18–19 Grad Widder
9.4. 19–20 Grad Widder
10.4. 20–21 Grad Widder
11.4. 21–22 Grad Widder
12.4. 22–23 Grad Widder
13.4. 23–24 Grad Widder
14.4. 24–25 Grad Widder
15.4. 25–26 Grad Widder
16.4. 26–27 Grad Widder
17.4. 27–28 Grad Widder
18.4. 28–29 Grad Widder
19.4. 29–30 Grad Widder
20.4. 30 Grad Widder – 1 Grad Stier
21.4. 0–01 Grad Stier
22.4. 1–02 Grad Stier
23.4. 2–03 Grad Stier
24.4. 3–04 Grad Stier
25.4. 4–05 Grad Stier
26.4. 5–06 Grad Stier
27.4. 6–07 Grad Stier
28.4. 7–08 Grad Stier
29.4. 8–09 Grad Stier
30.4. 9–10 Grad Stier

1.5. 10–11 Grad Stier
2.5. 11–12 Grad Stier
3.5. 12–13 Grad Stier
4.5. 13–14 Grad Stier
5.5. 14–15 Grad Stier
6.5. 15–16 Grad Stier
7.5. 16–17 Grad Stier
8.5. 17–18 Grad Stier
9.5. 18–19 Grad Stier
10.5. 19–20 Grad Stier
11.5. 20–21 Grad Stier
12.5. 21–22 Grad Stier
13.5. 22–23 Grad Stier
14.5. 23–24 Grad Stier
15.5. 24–25 Grad Stier
16.5. 25–26 Grad Stier
17.5. 26–27 Grad Stier
18.5. 27–28 Grad Stier
19.5. 28–29 Grad Stier
20.5. 29–30 Grad Stier
21.5. 30 Grad Stier – 1 Grad Zwillinge
22.5. 0–01 Grad Zwillinge
23.5. 1–02 Grad Zwillinge
24.5. 2–03 Grad Zwillinge
25.5. 3–04 Grad Zwillinge
26.5. 4–05 Grad Zwillinge
27.5. 5–06 Grad Zwillinge
28.5. 6–07 Grad Zwillinge
29.5. 7–08 Grad Zwillinge
30.5. 8–09 Grad Zwillinge
31.5. 9–10 Grad Zwillinge

1.6. 10–11 Grad Zwillinge
2.6. 11–12 Grad Zwillinge
3.6. 12–13 Grad Zwillinge
4.6. 13–14 Grad Zwillinge
5.6. 14–15 Grad Zwillinge
6.6. 15–16 Grad Zwillinge
7.6. 16–17 Grad Zwillinge
8.6. 17–18 Grad Zwillinge
9.6. 18–19 Grad Zwillinge
10.6. 19–20 Grad Zwillinge
11.6. 20–21 Grad Zwillinge
12.6. 21–22 Grad Zwillinge
13.6. 22–23 Grad Zwillinge
14.6. 23–24 Grad Zwillinge
15.6. 24–25 Grad Zwillinge
16.6. 25–26 Grad Zwillinge
17.6. 26–27 Grad Zwillinge
18.6. 27–28 Grad Zwillinge
19.6. 28–29 Grad Zwillinge
20.6. 29–30 Grad Zwillinge
21.6. 30 Grad Zwillinge – 1 Grad Krebs
22.6. 0–01 Grad Krebs
23.6. 1–02 Grad Krebs
24.6. 2–03 Grad Krebs
25.6. 3–04 Grad Krebs
26.6. 4–05 Grad Krebs
27.6. 5–06 Grad Krebs
28.6. 6–07 Grad Krebs
29.6. 7–08 Grad Krebs
30.6. 8–09 Grad Krebs

1.7. 9–10 Grad Krebs
2.7. 10–11 Grad Krebs
3.7. 11–12 Grad Krebs
4.7. 12–13 Grad Krebs
5.7. 13–14 Grad Krebs
6.7. 14–15 Grad Krebs
7.7. 15–16 Grad Krebs
8.7. 16–17 Grad Krebs
9.7. 17–18 Grad Krebs
10.7. 18–19 Grad Krebs
11.7. 19–20 Grad Krebs
12.7. 20–21 Grad Krebs
13.7. 21–22 Grad Krebs
14.7. 22–23 Grad Krebs
15.7. 23–24 Grad Krebs
16.7. 24–25 Grad Krebs
17.7. 25–26 Grad Krebs
18.7. 26–27 Grad Krebs
19.7. 27–28 Grad Krebs

20.7. 28–29 Grad Krebs
21.7. 29–30 Grad Krebs
22.7. 30 Grad Krebs – 1 Löwe
23.7. 0–01 Grad Löwe
24.7. 1–02 Grad Löwe
25.7. 2–03 Grad Löwe
26.7. 3–04 Grad Löwe
27.7. 4–05 Grad Löwe
28.7. 5–06 Grad Löwe
29.7. 6–07 Grad Löwe
30.7. 7–08 Grad Löwe
31.7. 8–09 Grad Löwe

1.8. 9–10 Grad Löwe
2.8. 10–11 Grad Löwe
3.8. 11–12 Grad Löwe
4.8. 12–13 Grad Löwe
5.8. 13–14 Grad Löwe
6.8. 14–15 Grad Löwe
7.8. 15–16 Grad Löwe
8.8. 16–17 Grad Löwe
9.8. 17–18 Grad Löwe
10.8. 18–19 Grad Löwe
11.8. 19–20 Grad Löwe
12.8. 20–21 Grad Löwe
13.8. 21–22 Grad Löwe
14.8. 22–23 Grad Löwe
15.8. 23–24 Grad Löwe
16.8. 24–25 Grad Löwe
17.8. 25–26 Grad Löwe
18.8. 26–27 Grad Löwe
19.8. 27–28 Grad Löwe
20.8. 28–29 Grad Löwe
21.8. 29–30 Grad Löwe
22.8. 30 Grad Löwe – 1 Grad Jungfrau
23.8. 0 Grad Löwe – 1 Grad Jungfrau
24.8. 1–02 Grad Jungfrau
25.8. 2–03 Grad Jungfrau
26.8. 3–04 Grad Jungfrau
27.8. 4–05 Grad Jungfrau
28.8. 5–06 Grad Jungfrau
29.8. 6–07 Grad Jungfrau
30.8. 7–08 Grad Jungfrau
31.8. 8–09 Grad Jungfrau

1.9. 9–10 Grad Jungfrau
2.9. 10–11 Grad Jungfrau
3.9. 11–12 Grad Jungfrau
4.9. 12–13 Grad Jungfrau
5.9. 13–14 Grad Jungfrau
6.9. 14–15 Grad Jungfrau
7.9. 15–16 Grad Jungfrau
8.9. 16–17 Grad Jungfrau
9.9. 17–18 Grad Jungfrau
10.9. 18–19 Grad Jungfrau
11.9. 19–20 Grad Jungfrau
12.9. 20–21 Grad Jungfrau
13.9. 21–22 Grad Jungfrau
14.9. 22–23 Grad Jungfrau
15.9. 23–24 Grad Jungfrau
16.9. 24–25 Grad Jungfrau
17.9. 25–26 Grad Jungfrau
18.9. 26–27 Grad Jungfrau
19.9. 27–28 Grad Jungfrau
20.9. 28–29 Grad Jungfrau
21.9. 29–30 Grad Jungfrau
22.9. 30 Grad Jungfrau – 1 Grad Waage
23.9. 0–01 Grad Waage
24.9. 1–02 Grad Waage
25.9. 2–03 Grad Waage
26.9. 3–04 Grad Waage
27.9. 4–05 Grad Waage
28.9. 5–06 Grad Waage
29.9. 6–07 Grad Waage
30.9. 7–08 Grad Waage

1.10. 8–09 Grad Waage
2.10. 9–10 Grad Waage
3.10. 10–11 Grad Waage
4.10. 11–12 Grad Waage
5.10. 12–13 Grad Waage
6.10. 13–14 Grad Waage

7.10. 14–15 Grad Waage
8.10. 15–16 Grad Waage
9.10. 16–17 Grad Waage
10.10. 17–18 Grad Waage
11.10. 18–19 Grad Waage
12.10. 19–20 Grad Waage
13.10. 20–21 Grad Waage
14.10. 21–22 Grad Waage
15.10. 22–23 Grad Waage
16.10. 23–24 Grad Waage
17.10. 24–25 Grad Waage
18.10. 25–26 Grad Waage
19.10. 26–27 Grad Waage
20.10. 27–28 Grad Waage
21.10. 28–29 Grad Waage
22.10. 29–30 Grad Waage
23.10. 30 Grad Waage – 1 Grad Skorpion
24.10. 1–02 Grad Skorpion
25.10. 2–03 Grad Skorpion
26.10. 3–04 Grad Skorpion
27.10. 4–05 Grad Skorpion
28.10. 5–06 Grad Skorpion
29.10. 6–07 Grad Skorpion
30.10. 7–08 Grad Skorpion
31.10. 8–09 Grad Skorpion

1.11. 9–10 Grad Skorpion
2.11. 10–11 Grad Skorpion
3.11. 11–12 Grad Skorpion
4.11. 12–13 Grad Skorpion
5.11. 13–14 Grad Skorpion
6.11. 14–15 Grad Skorpion
7.11. 15–16 Grad Skorpion
8.11. 16–17 Grad Skorpion
9.11. 17–18 Grad Skorpion
10.11. 18–19 Grad Skorpion
11.11. 19–20 Grad Skorpion
12.11. 20–21 Grad Skorpion
13.11. 21–22 Grad Skorpion
14.11. 22–23 Grad Skorpion
15.11. 23–24 Grad Skorpion
16.11. 24–25 Grad Skorpion
17.11. 25–26 Grad Skorpion
18.11. 26–27 Grad Skorpion
19.11. 27–28 Grad Skorpion
20.11. 28–29 Grad Skorpion
21.11. 29–30 Grad Skorpion
22.11. 30 Grad Skorpion – 1 Grad Schütze
23.11. 1–02 Grad Schütze
24.11. 2–03 Grad Schütze
25.11. 3–04 Grad Schütze
26.11. 4–05 Grad Schütze
27.11. 5–06 Grad Schütze
28.11. 6–07 Grad Schütze
29.11. 7–08 Grad Schütze
30.11. 8–09 Grad Schütze

1.12. 9–10 Grad Schütze
2.12. 10–11 Grad Schütze
3.12. 11–12 Grad Schütze
4.12. 12–13 Grad Schütze
5.12. 13–14 Grad Schütze
6.12. 14–15 Grad Schütze
7.12. 15–16 Grad Schütze
8.12. 16–17 Grad Schütze
9.12. 17–18 Grad Schütze
10.12. 18–19 Grad Schütze
11.12. 19–20 Grad Schütze
12.12. 20–21 Grad Schütze
13.12. 21–22 Grad Schütze
14.12. 22–23 Grad Schütze
15.12. 23–24 Grad Schütze
16.12. 24–25 Grad Schütze
17.12. 25–26 Grad Schütze
18.12. 26–27 Grad Schütze
19.12. 27–28 Grad Schütze
20.12. 28–29 Grad Schütze
21.12. 29 Grad Schütze – 1 Grad Steinbock
22.12. 1–02 Grad Steinbock
23.12. 2–03 Grad Steinbock
24.12. 3–04 Grad Steinbock
25.12. 4–05 Grad Steinbock

26.12. 5–06 Grad Steinbock
27.12. 6–07 Grad Steinbock
28.12. 7–08 Grad Steinbock
29.12. 8–09 Grad Steinbock
30.12. 9–10 Grad Steinbock
31.12. 10–11 Grad Steinbock

Tabelle zur Bestimmung des ungefähren Aszendenten

Sie sollten Ihren Aszendenten genau ausrechnen lassen. Dazu braucht man die Angaben zum Geburtstag, zum Geburtsort und zur Geburtszeit, am besten auf mindestens fünf Minuten genau. Auf die Angaben der Eltern ist erfahrungsgemäß leider wenig Verlaß. Am besten schreiben Sie an das Standesamt Ihres Geburtsorts und bitten um die offizielle Eintragung der Geburtszeit im amtlichen Register. Legen Sie einen adressierten und frankierten Rückumschlag bei.

Damit Sie nun aber wenigstens ungefähr Ihren persönlichsten Punkt im Horoskop, Ihren Aszendenten kennen, ist hier eine Tabelle abgedruckt, aus der Sie ihn in etwa ablesen können. Ungenauigkeiten ergeben sich nicht nur dadurch, daß Sie selbst Ihre Geburtszeit vielleicht nicht genau wissen, sondern auch dadurch, daß der Aszendent von der geographischen Position auf der Erde abhängt. Wenn ein Mensch um 9 Uhr früh am 2. April in Berlin geboren wird, so ist sein Aszendent anders als der von jemandem, der zwar genau zur selben Minute geboren wurde, aber zum Beispiel sehr viel weiter westlich und südlich, also etwa in Zürich. Hundertprozentig genau ist also die folgende Tabelle nicht – sonst müßten mehrere Tabellen für die verschiedenen geographischen Positionen in Mitteleuropa abgedruckt sein –, aber sie reicht, um den Aszendenten und die Häuserpositionen in etwa zu bestimmen.

Nach diesen notwendigen Vorbemerkungen nun zur Schnellbestimmung Ihres Aszendenten.

Die Tabelle gilt für Mitteleuropa. Die Geburtstage sind pro Tierkreiszeichen in drei »Dekaden« aufgeteilt.

- Sie kennen Ihren Geburtstag.
- Sie kennen (bzw. vermuten) Ihre Geburtszeit. Runden Sie diese auf fünf Minuten ab oder auf.
- Prüfen Sie in einer Sommerzeittabelle, ob es an Ihrem Geburtstag eine sogenannte Sommerzeit gab. Falls ja, müssen Sie von Ihrer Geburtszeit eine Stunde abziehen!
- Suchen Sie Ihren Geburtstag in der richtigen Dekade in der Tabelle.
- Suchen Sie unter der Spanne der Uhrzeiten, die dort angegeben sind, die Spanne, in welche Ihre Geburtszeit fällt (die eventuell bereits um die minus eine Stunde Sommerzeit korrigiert wurde).
- Lesen Sie ab, welches Tierkreiszeichen an Ihrem Aszendenten stand.

- Sie können auch abschätzen, ob Ihr Aszendent mehr am Anfang, in der Mitte oder am Ende des Zeichens stand, je nachdem, ob sich Ihre Geburtszeit mehr am Anfang, in der Mitte oder am Ende der angegebenen Zeitspanne befindet.

Widder

Geburtstag	21.3.–31.3.	01.4.–10.4.	11.4.–20.4.
Aszendent	Geburtszeit	Geburtszeit	Geburtszeit
Widder	06h30–07h30	06h00–07h00	05h15–06h15
Stier	07h30–08h45	07h00–08h15	06h15–07h30
Zwillinge	08h45–10h30	08h15–10h00	07h30–09h15
Krebs	10h30–13h00	10h00–12h30	09h15–11h45
Löwe	13h00–15h45	12h30–15h15	11h45–14h30
Jungfrau	15h45–18h30	15h15–18h00	14h30–17h15
Waage	18h30–21h15	18h00–20h45	17h15–20h00
Skorpion	21h15–24h00	20h45–23h30	20h00–22h45
Schütze	00h00–02h30	23h30–02h00	22h45–01h15
Steinbock	02h30–04h15	02h00–03h45	01h15–03h00
Wassermann	04h15–05h30	03h45–05h00	03h00–04h15
Fische	05h30–06h30	05h00–06h00	04h15–05h15

Stier

Geburtstag	21.4.–30.4.	01.5.–10.5.	11.5.–21.5.
Aszendent	Geburtszeit	Geburtszeit	Geburtszeit
Widder	04h30–05h30	04h00–05h00	03h30–04h30
Stier	05h30–06h45	05h00–06h15	04h30–05h45
Zwillinge	06h45–08h30	06h15–08h00	05h45–07h30
Krebs	08h30–11h00	08h00–10h30	07h30–10h00
Löwe	11h00–13h45	10h30–13h15	10h00–12h45
Jungfrau	13h45–16h30	13h15–16h00	12h45–15h30
Waage	16h30–19h15	16h00–18h45	15h30–18h15
Skorpion	19h15–22h00	18h45–21h30	18h15–21h00
Schütze	22h00–00h30	21h30–24h00	21h00–23h30
Steinbock	00h30–02h15	00h00–01h45	23h30–01h15
Wassermann	02h15–03h30	01h45–03h00	01h15–02h30
Fische	03h30–04h30	03h00–04h00	02h30–03h30

Zwillinge

Geburtstag	22.5.–31.5.	01.6.–10.6.	11.6.–21.6.
Aszendent	Geburtszeit	Geburtszeit	Geburtszeit
Widder	03h00–04h00	02h30–03h30	01h45–02h45

Stier	04h00–05h15	03h30–04h45	02h45–04h00
Zwillinge	05h15–07h00	04h45–06h30	04h00–05h45
Krebs	07h00–09h30	06h30–09h00	05h45–08h15
Löwe	09h30–12h15	09h00–11h45	08h15–11h00
Jungfrau	12h15–15h00	11h45–14h30	11h00–13h45
Waage	15h00–17h45	14h30–17h15	13h45–16h30
Skorpion	17h45–20h30	17h15–20h00	16h30–19h15
Schütze	20h30–23h00	20h00–22h30	19h15–21h45
Steinbock	23h00–00h45	22h30–00h15	21h45–23h30
Wassermann	00h45–02h00	00h15–01h30	23h30–00h45
Fische	02h00–03h00	01h30–02h30	00h45–01h45

Krebs

Geburtstag	22.6.–30.6.	01.07.–11.7.	12.7.–22.7.
Aszendent	Geburtszeit	Geburtszeit	Geburtszeit
Widder	01h00–02h00	00h30–01h30	00h00–01h00
Stier	02h00–03h15	01h30–02h45	01h00–02h15
Zwillinge	03h15–05h00	02h45–04h30	02h15–04h00
Krebs	05h00–07h30	04h30–07h00	04h00–06h30
Löwe	07h30–10h15	07h00–09h45	06h30–09h15
Jungfrau	10h15–13h00	09h45–12h30	09h15–12h00
Waage	13h00–15h45	12h30–15h15	12h00–14h45
Skorpion	15h45–18h30	15h15–18h00	14h45–17h30
Schütze	18h30–21h00	18h00–20h30	17h30–20h00
Steinbock	21h00–22h45	20h30–22h15	20h00–21h45
Wassermann	22h45–24h00	22h15–23h30	21h45–23h00
Fische	00h00–01h00	23h30–00h30	23h00–24h00

Löwe

Geburtstag	23.7.–31.7.	01.8.–11.8.	12.8.–22.8.
Aszendent	Geburtszeit	Geburtszeit	Geburtszeit
Widder	22h45–23h45	22h15–23h15	21h30–22h30
Stier	23h45–01h00	23h15–00h30	22h30–23h45
Zwillinge	01h00–02h45	00h30–02h15	23h45–01h30
Krebs	02h45–05h15	02h15–04h45	01h30–04h00
Löwe	05h15–08h00	04h45–07h30	04h00–06h45
Jungfrau	08h00–10h45	07h30–10h15	06h45–09h30
Waage	10h45–13h30	10h15–13h00	09h30–12h15
Skorpion	13h30–16h15	13h00–15h45	12h15–15h00
Schütze	16h15–18h45	15h45–18h15	15h00–17h30
Steinbock	18h45–20h30	18h15–20h00	17h30–19h15

Wassermann	20h30–21h45	20h00–21h15	19h15–20h30
Fische	21h45–22h45	21h15–22h15	20h30–21h30

Jungfrau

Geburtstag	24.8.–31.8.	01.9.–11.9.	12.9.–22.9.
Aszendent	Geburtszeit	Geburtszeit	Geburtszeit
Widder	20h30–21h30	20h00–21h00	19h15–20h15
Stier	21h30–22h45	21h00–22h15	20h15–21h30
Zwillinge	22h45–00h30	22h15–24h00	21h30–23h15
Krebs	00h30–03h00	00h00–02h30	23h15–01h45
Löwe	03h00–05h45	02h30–05h15	01h45–04h30
Jungfrau	05h45–08h30	05h15–08h00	04h30–07h15
Waage	08h30–11h15	08h00–10h45	07h15–10h00
Skorpion	11h15–14h00	10h45–13h30	10h00–12h45
Schütze	14h00–16h30	13h30–16h00	12h45–15h15
Steinbock	16h30–18h15	16h00–17h45	15h15–17h00
Wassermann	18h15–20h30	17h45–19h00	17h00–18h15
Fische	19h30–20h30	19h00–20h00	18h15–19h15

Waage

Geburtstag	23.9.–30.9.	01.10.–11.10.	12.10.–23.10.
Aszendent	Geburtszeit	Geburtszeit	Geburtszeit
Widder	18h30–19h30	18h00–19h00	17h15–18h15
Stier	19h30–20h45	19h00–20h15	18h15–19h30
Zwillinge	20h45–22h30	20h15–22h00	19h30–21h15
Krebs	22h30–01h00	22h00–00h30	21h15–23h45
Löwe	01h00–03h45	00h30–03h15	23h45–02h30
Jungfrau	03h45–06h30	03h15–06h00	02h30–05h15
Waage	06h30–09h15	06h00–08h45	05h15–08h00
Skorpion	09h15–12h00	08h45–11h30	08h00–10h45
Schütze	12h00–14h30	11h30–14h00	10h45–13h15
Steinbock	14h30–16h15	14h00–15h45	13h15–15h00
Wassermann	16h15–17h30	15h45–17h00	15h00–16h15
Fische	17h30–18h30	17h00–18h00	16h15–17h15

Skorpion

Geburtstag	24.10.–31.10.	01.11.–11.11.	12.11.–22.11.
Aszendent	Geburtszeit	Geburtszeit	Geburtszeit
Widder	16h30–17h30	15h45–16h45	15h15–16h15
Stier	17h30–18h45	16h45–18h00	16h15–17h30
Zwillinge	18h45–20h30	18h00–19h45	17h30–19h15

Krebs	20h30–23h00	19h45–22h15	19h15–21h45
Löwe	23h00–01h45	22h15–01h00	21h45–00h30
Jungfrau	01h45–04h30	01h00–03h45	00h30–03h15
Waage	04h30–07h15	03h45–06h30	03h15–06h00
Skorpion	07h15–10h00	06h30–09h15	06h00–08h45
Schütze	10h00–12h30	09h15–11h45	08h45–11h15
Steinbock	12h30–14h15	11h45–13h30	11h15–13h00
Wassermann	14h15–15h30	13h30–15h45	13h00–14h15
Fische	15h30–16h30	14h45–15h45	14h15–15h15

Schütze

Geburtstag	23.11.–30.11.	01.12.–11.12.	12.12.–21.12.
Aszendent	Geburtszeit	Geburtszeit	Geburtszeit
Widder	14h30–15h30	13h45–14h45	13h15–14h15
Stier	15h30–16h45	14h45–16h00	14h15–15h30
Zwillinge	16h45–18h30	16h00–17h45	15h30–17h15
Krebs	18h30–21h00	17h45–20h15	17h15–19h45
Löwe	21h00–23h45	20h15–23h00	19h45–22h30
Jungfrau	23h45–02h30	23h00–01h45	22h30–01h15
Waage	02h30–05h15	01h45–04h30	01h15–04h00
Skorpion	05h15–08h00	04h30–07h15	04h00–06h45
Schütze	08h00–10h30	07h15–09h45	06h45–09h15
Steinbock	10h30–12h15	09h45–11h30	09h15–11h00
Wassermann	12h15–13h30	11h30–12h45	11h00–12h15
Fische	13h30–14h30	12h45–13h45	12h15–13h15

Steinbock

Geburtstag	22.12.–31.12.	01.1.–11.1.	12.1.–20.1.
Aszendent	Geburtszeit	Geburtszeit	Geburtszeit
Widder	12h15–13h15	11h45–12h45	11h15–12h15
Stier	13h15–14h30	12h45–14h00	12h15–13h30
Zwillinge	14h30–16h15	14h00–15h45	13h30–15h15
Krebs	16h15–18h45	15h45–18h15	15h15–17h45
Löwe	18h45–21h30	18h15–21h00	17h45–20h30
Jungfrau	21h30–00h15	21h00–23h45	20h30–23h15
Waage	00h15–03h00	23h45–02h30	23h15–02h00
Skorpion	03h00–05h45	02h30–05h15	02h00–04h45
Schütze	05h45–08h15	05h15–07h45	04h45–07h15
Steinbock	08h15–10h00	07h45–09h30	07h15–09h00
Wassermann	10h00–11h15	09h30–10h45	09h00–10h15
Fische	11h15–12h15	10h45–11h45	10h15–11h15

Wassermann

Geburtstag	21.1.–31.1.	01.2.–10.2.	11.2.–18.2.
Aszendent	Geburtszeit	Geburtszeit	Geburtszeit
Widder	10h30–11h30	10h00–11h00	09h15–10h15
Stier	11h30–12h45	11h00–12h15	10h15–11h30
Zwillinge	12h45–14h30	12h15–14h00	11h30–13h15
Krebs	14h30–17h00	14h00–16h30	13h15–15h45
Löwe	17h00–19h45	16h30–19h15	15h45–18h30
Jungfrau	19h45–22h30	19h15–22h00	18h30–21h15
Waage	22h30–01h15	22h00–00h45	21h15–24h00
Skorpion	01h15–04h00	00h45–03h30	24h00–02h45
Schütze	04h00–06h30	03h30–06h00	02h45–05h15
Steinbock	06h30–08h15	06h00–07h45	05h15–07h00
Wassermann	08h15–09h30	07h45–09h00	07h00–08h15
Fische	09h30–10h30	09h00–10h00	08h15–09h15

Fische

Geburtstag	19.2.–29.2.	01.3.–10.3.	11.3.–20.3.
Aszendent	Geburtszeit	Geburtszeit	Geburtszeit
Widder	08h30–09h30	08h15–09h15	07h30–08h30
Stier	09h30–10h45	09h15–10h30	08h30–09h45
Zwillinge	10h45–12h30	10h30–12h15	09h45–11h30
Krebs	12h30–15h00	12h15–14h45	11h30–14h00
Löwe	15h00–17h45	14h45–17h30	14h00–16h45
Jungfrau	17h45–20h30	17h30–20h15	16h45–19h30
Waage	20h30–23h15	20h15–23h00	19h30–22h15
Skorpion	23h15–02h00	23h00–01h45	22h15–01h00
Schütze	02h00–04h30	01h45–04h15	01h00–03h30
Steinbock	04h30–06h15	04h15–06h00	03h30–05h15
Wassermann	06h15–07h30	06h00–07h15	05h15–06h30
Fische	07h30–08h30	07h15–08h15	06h30–07h30

Die Fernsonnen und ihre Bedeutung für Charakter und Schicksal

Die wichtigsten Fixsterne und ihre astrologische Interpretation

Fixsterne sind das, was man auch »Fernsonnen« nennt. Es sind Gestirne wie unsere Sonne, die Energie und damit Licht von sich aus ausstrahlen, aufgrund gigantischer Atomfusionen und Explosionen in ihrem Inneren. Diese Fixsterne oder Fernsonnen wurden vor allem von antiken Astrologen als außerordentlich bedeutsam für Prognosen über Heil oder Unheil angesehen. Inzwischen waren sie etwas »aus der Mode« gekommen. Neuerlich werden sie jedoch wieder stärker beachtet.
Sie finden im Anschluß eine Übersicht über den Stand wichtiger Fixsterne in den Tierkreiszeichen, gerundet für 1950. Auch die Fixsterne bewegen sich, im Durchschnitt etwa 1 Grad in 60 Jahren, mit Kurzhinweisen auf Natur und Wirkung. Wir greifen dabei u. a. auf Altmeister Vehlow zurück und weisen auch gern auf ein neueres Buch von Vivian Robson hin (»Fixsterne«, Hugendubel Verlag München, 1990).
Die Fixsterne sind so aufgelistet, wie sie im Tierkreis der zwölf Zeichen auftauchen. Sie sind dann von Interesse, wenn Konjunktion und Opposition (falls diese verwendet wird) nicht weiter als rund 1 Grad von der Sonne, Mond, den persönlichen und gesellschaftlichen Planeten (Merkur, Venus, Mars, Jupiter und Saturn) sowie Mondknotenachse und Hauptachsen (AC-DC, MC-IC) entfernt sind.
Zuerst finden Sie den Namen, dann in Klammern die Größe (soweit bekannt bzw. zutreffend), die Position im Tierkreis und anschließend die »Natur« bzw. den »Charakter«, den diese Sterne bzw. Nebel nach Meinung der Astrologen »ausstrahlen« (in Klammern abweichende Ansichten). Die Größe der Sterne läßt nach Meinung der meisten Astrologen einen Rückschluß auf ihre »Strahlkraft« zu; je kleiner die Ziffer, desto bedeutsamer der Stern. Ein Stern 1. Größe ist also größer und wesentlicher als einer der 5. Größe.

Übersicht Fixsterne

Deneb Kaitos (2) bei 2° Widder:
Saturn-Kraft; besonders mit Mond, Mars, Neptun oder Aszendentenachse hemmende Wirkung.

Ende des westlichen Fisches (5) bei 3° Widder:
Saturn-Merkur-Charakter; bei guten Saturn-Merkur-Stellungen Steigerung der Konzentration.

Algenib II (3) bei 8° Widder:
Mars-Merkur-Natur; merkurielle Einflüsse sind stark und wirken vor allem geistig auf den dort befindlichen Planeten, marsische Einflüsse geben ihm viel Kraft.

Alderamin (3–4) bei 12° Widder:
Saturn-Neptun-Charakter mit schwachem Jupiter-Einschlag; wirkt angeblich nur in Konjunktion mit Mond, Saturn oder Neptun; bei medialen Menschen unter Umständen recht förderlich.

Sirrah (2) bei 13° Widder:
Venus-Jupiter-Strahlung; günstige Wirkung für Sonne, Mond und alle Planeten in Konjunktion; bei Opposition eventuell immer noch schwach-günstiger Einfluß.

Baten Kaitos (3–4) bei 21° Widder:
Saturn-Natur; bei Mond-Konjunktion oder -Opposition Neigung zur Melancholie, sonst prüfende und konzentrierende Wirkung.

Mirach (2) bei 30° Widder:
Venus-Neptun-Natur; Anregung zu Idealen, umfassende Liebe und Meditation, bei Verbindung mit Sonne und/oder Neptun auch mediale Fähigkeiten, bei schwierigen Aspekten des betreffenden Planeten auch Illusionen.

Mira bei 1° Stier:
Saturn-Jupiter-Wesen; geistige Herausforderungen, bei schlecht gestelltem Mond oder Merkur Mangel an geistiger Klarheit.

Elscheratain (2) bei 3° Stier:
Saturn-Mars-Strahlung; mit Sonne, absteigendem Mondknoten und IC ungünstig.

Elmuthalleth (4) bei 6° Stier:
Merkurcharakter; fördert mit Venus künstlerische Talente.

Elnath (2) bei 7° Stier:
Saturn-Mars-Kraft, stark und ungünstig; bei Mond-Konjunktion und in weiblichen Horoskopen allgemein eher schwierig und belastend, fordert zu großer spiritueller Transformation heraus.

Menkar (2–3) bei 13° Stier:
Saturn-Kraft; stark zerstörerisch; politisch bei Sonne und Saturn schwere Unglücke.

Alamak (2) bei 13° Stier:
Venus-Jupiter-Natur; vor allem in Verbindung mit Sonne, Mond, Venus und Jupiter günstig, insbesondere in materieller Hinsicht.

Zanrak bei 23° Stier:
Saturn-Kraft; bei verletztem Saturn und bei wenig bewußten Menschen starke und meist gefährliche Saturnkraft; mundan große Katastrophen mit Saturn und ungünstigem Neptuneinfluß. »Diese ganze Himmelsgegend zwischen Ende Stier und Anfang Zwillinge ist eine ›böse Ecke‹, vgl. Algol!« (Zitat Vehlow)

Algol bei 25° Stier:
Saturn-Mars-Uranus-Natur; im Horoskop von geistig hochentwickelten Menschen, die ein bewußt spirituelles Leben führen, sind positive Einflüsse zu erwarten, je nach Planetenverbindung; in Horoskopen von unbewußt lebenden Menschen wird, vor allem bei Verbindungen mit Mars, Saturn, Uranus, Neptun und Pluto, ein großes Potential an Gefahren für die Persönlichkeitsentwicklung zu beachten sein (Neigung zu Gewalt etc.).

Alkyone (3) bei 29° Stier:
Mond-Mars-Natur; am Aszendent bewirkt er Sinnlichkeit, am »Glückspunkt« schwankende Verhältnisse, mit Sonne öffentlicher Erfolg, mit Mars einfühlsame Energie; größter Stern der Pleijaden.

Algenib I (3) bei 1° Zwillinge:
Jupiter-Saturn-Strahlung mit hoher geistiger Kraft; Anlagen zum künstlerischen Genie mit Sonne, Venus, AC, 3. und 10. Haus.

Hyaden (4) bei 5° Zwillinge:
Mars-Uranus-Neptun-Natur; in Verbindung mit Mond oder Venus erotische Verführbarkeit oder Zügellosigkeit, bei anderen Planetenver-

bindungen Neigung zu plötzlichen Energieausbrüchen bei gleichzeitig einfühlsamem Wesen.

Merope (4) bei 6° Zwillinge:
Mars-Charakter; mit Sonne Unglücke; dieser Stern ist Teil der Pleijaden.

Nördliches Stierauge bei 8° Zwillinge:
Venus-Mond-Wesen; bei Verbindung mit Venus oder Neptun Stärkung des Kunstsinnes, bei Verbindung mit Uranus Neigung zur Mystik; insgesamt positiv.

Aldebaran (1) bei 9° Zwillinge:
Mars-Neptun-Kraft; in Verbindung mit Sonne, Mond, Mars oder Neptun Gefahren durch Unwetter, auf See, durch Spekulationen u. a. m.

Rigel (1) bei 16° Zwillinge:
Jupiter-Mars-Kraft; ähnlich wie Regulus sehr fördernd, vor allem in geistiger Hinsicht; beim Merkur dichterische Gaben, beim Neptun mediale Anlagen.

Bellatrix (2) bei 20° Zwillinge:
Mars-Merkur-Natur, mit stark betontem Marscharakter; große Durchsetzungskraft in bezug auf den Planeten, der dort steht, die unter Umständen gezügelt werden muß.

Capella (1) bei 21° Zwillinge:
Mars-Merkur-Charakter; echter Wissensdrang oder oberflächliche Neugierde, je nach Bewußtheit des Horoskopinhabers.

Gürtel des Orion (zwei Sterne) (2) bei 22° und 23° Zwillinge:
Jupiter-Mars-Charakter; wirken aber wie Merkur durch Stellung im Zeichen; besonders am Aszendenten und in Konjunktion mit Merkur oder Mond wacher Verstand sowie eventuell mediale Gaben.

Al-Heka (3) bei 23° Zwillinge:
Mars-Wesen mit geringer Uranus-Strahlung; bringt Unruhe oder Abenteuer und Verstärkung der Marskraft mit sich.

Polarstern (2) bei 28° Zwillinge:
Saturn-Venus- oder Saturn-Sonne-Natur; eine hohe positive Wirkung,

die Bereitschaft zur spirituellen Entfaltung und Beachtung der wahren, inneren Prioritäten für ein erfülltes Leben verlangt.

Beteigeuze (1) bei 28° Zwillinge:
Mars-Merkur-Natur; ähnlich wie Bellatrix, aber günstiger; besonders in Verbindung mit Jupiter Chance, zu Ruhm und Reichtum zu gelangen.

Menkalinam (2) bei 29° Zwillinge:
Jupiter-Charakter mit Mars- und Venuseinschlag (Robson nennt Mars-Merkur-Strahlung); gilt bei Mars eher problematisch bis übel.

Tejat (3) bei 3° Krebs:
Merkur-Venus-Wesen; günstig, auch materiell – in Konjunktion mit Mond oder MC Reichtum, lt. Vehlow. Robson meint: »... verursacht Gewalt, Stolz, Vermessenheit und Schamlosigkeit.«

Alhena (2) bei 8° Krebs:
Venus-Merkur-Jupiter-Natur; Förderung auf vielen Gebieten, in Verbindung mit Venus vor allem im künstlerischen Bereich.

Sirius (1) bei 13° Krebs:
Mars-Jupiter-Kraft; Ehrgeiz und Erfolgsstreben, Aufstieg unter Anstrengung oder Gefahren; besonders in Verbindung mit Mond, Merkur und Jupiter förderlich für die geistige Entwicklung.

Canopus (1) bei 14° Krebs:
Saturn-Jupiter-Natur; Wirkung hängt von der Grundstellung von Saturn und Jupiter im Horoskop des Fragestellers ab; bei harmonischem Grundhoroskop Hilfen für geistige Harmonie, bei disharmonischem Grundhorosokop saturnische Hemmungen.

Wasat (3) bei 18° Krebs:
Saturnkraft mit Venuseinfluß; bei unbewußten Menschen zerstörerisch wirkend, bei geistig entwickelten bewußtseinserweiternd; mit Aszendent, Sonne und Mond mundan eher negativ.

Castor (2) bei 19° Krebs:
Merkur-Jupiter-Natur; freundliche Wirkung, besonders in Verbindung mit Mond oder Merkur.

Pollux (1) bei 22° Krebs:
Mars-Natur; eher problematisch, besonders in Verbindung mit Sonne, Mond, Merkur, Mars oder Saturn.

Procyon (1) bei 25° Krebs:
Mars-Merkur-Wesen; günstig für »Befehlshaber« und »Kriegshelden«, sonst Neigung zur energisch vertretenen Rechthaberei.

Präsepe bei 6° Löwe:
Mond-Mars-Natur; Beziehungen zum Jenseits, zur Astralebene, zu Verstorbenen – aber auch zu Verführbarkeit oder Gemütsschwäche.

Nördlicher und *südlicher Esel* (4–5) bei 7° und 8° Löwe:
Mars-Sonne-Kraft; wirken auf Mars und Pluto negativ; Sonne, Mond und Neptun können angeregt werden; bei anderen Planeten wirkungslos.

Kochab bei 12° Löwe:
Marsstrahlung; bringt geistige Unruhe, bei Konjunktion mit schlecht gestellter Sonne zeitweise Gemütsverwirrungen.

Akubens (4) bei 13° Löwe:
Mars-Saturn-Natur; sprunghafte Wirkung, bringt geistige Unruhe oder Rastlosigkeit mit sich.

Dubhe (Bär) bei 14° Löwe:
Starke Marskraft, die leicht zerstörerisch wirken soll; besonders politisch-gesellschaftlich mit Saturn.

Merak bei 18° Löwe:
Mars-Wesen; entfaltet in Herrschaftshoroskopen seine expansive Wirkung.

Ras elased australis (3) bei 20° Löwe:
Saturn-Mars-Natur; vermittelt hochgeistige Strahlungen und gedankliche Klarheit verbunden mit großer Entschlossenheit (Bismarck hatte diesen Stern am Aszendenten); bei unbewußt lebenden Menschen wird die Wirkung eher bedrückend oder gefährdend sein.

Alphard (2) bei 26° Löwe:
Saturn-Venus-Neptun-Natur; Chancen zu hoher Inspiration und my-

stischer Versenkung, mit Mars oder Neptun allerdings eher Neigung zu Unbeherrschtheit oder Schwärmerei.

Hals des Löwen (3) bei 27° Löwe:
Mars- oder Saturn-Merkur-Kraft (umstritten); stark negativ wirkend, Krieg, Wechselfälle im Krieg; am Aszendent im Solarhoroskop Neigung zu gefährlichen Krankheiten. Mitunter großer Kriegserfolg, wenn am MC.

Regulus (»Königsstern«) (1) bei 29° Löwe:
Jupiter-Mars-Natur; vor allem in Verbindung mit Sonne, Jupiter oder Aszendent oder MC sieghafter Aufstieg und Machtfülle; in Verbindung mit Saturn unter Umständen Gefahr des jähen Absturzes.

Alioth bei 8° Jungfrau:
Mars-Natur; wirkt angeblich »zerstörerisch«, vor allem in Verbindung mit Sonne oder Mond (als ein Beispiel wird Abtreibung genannt).

Zosma (2) bei 10° Jungfrau:
Saturn-Venus-Wesen; geistige Beweglichkeit, Neigung zur Melancholie; neptunische Wirkungen (Illusionen, Vergiftungsgefahren).

Mizar bei 15° Jungfrau:
Mars-Natur; Neigung zur Impulsivität, in Verbindung mit schlecht aspektiertem Mars, Saturn oder Uranus Tendenz zu unsozialen Einstellungen und Verhaltensweisen.

Denebola (2) bei 21° Jungfrau:
Uranus-Natur; plötzliche, oft gewaltsame Veränderungen.

Coma Berenicae (5) bei 23° Jungfrau:
Mond-Venus-Natur; schwach harmonische Wirkung, besonders für die (Mit-)Empfindungsfähigkeit, vor allem mit Mond, Venus und Neptun.

Benetnasch bei 26° Jungfrau:
Mars-Uranus-Saturn-Natur; der arabische Name bedeutet »Klageweiber«; man muß von einer meist eher Trauer verursachenden Wirkung ausgehen – es sei denn, daß der betreffende Mensch spirituell bewußt geworden ist.

Kopf der Jungfrau (Zavijava) (3–4) bei 27° Jungfrau:
Merkur-Mars-Strahlung; schwach wirksam; macht eigensinnig und zänkisch bei Konjunktion mit Mars, Uranus, Pluto und schlecht gestelltem Merkur sowie bei Venus in Frauenhoroskopen, wenn diese von Mars verletzt ist.

Markeb (2–3) bei 28° Jungfrau:
Saturn-Jupiter-Wesen; nach anfänglichen Schwierigkeiten Wendungen zum Guten.

Vindemiatrix (3) bei 9° Waage:
Saturn-Merkur-Natur; günstig für Konzentration und Meditation; ungünstig für Menschen, die zu Depressionen neigen.

Algorab (3) bei 13° Waage:
Mars-Saturn-Natur; bei Saturn- oder Marsspannungen im Grundhoroskop Behinderungen des materiellen Vorwärtskommens sowie nur mühevoll mögliche Konzentrationsfähigkeit.

Südliche Waageschale (2–3) bei 14° Waage:
Mars-Saturn-Charakter (nach Robson Jupiter-Mars); im allgemeinen schlechte Wirkung, sowohl individuell als mundan.

Seginus (3) bei 17° Waage:
Merkur-Saturn-Natur; subtiler Geist, Vorsicht vor falschen Freunden.

Nördliche Waageschale (2–3) bei 19° Waage:
Jupiter-Merkur-Charakter mit geringem Marseinschlag; besonders bei Sonne, Mond, Jupiter und Mars günstig.

Arcturus (1) bei 23° Waage:
Jupiter-Mars-Natur; verleiht Reichtum, vor allem in Verbindung mit Jupiter und Aszendenten; es ist Vorsicht bei anfangs glückhaften Unternehmungen angesagt, um Erreichtes später nicht noch zu gefährden.

Spica (1) bei 23° Waage:
Venus-Mars-Natur; in Verbindung mit Venus künstlerische Talente, mit Jupiter geistige Würden und/oder weitreichende Erkenntnisse sowie eventuell Reichtum, mit Aszendentem oder MC öffentliche Anerkennung, mit Sonne oder Mond Berühmtheit, mit Merkur oder Uranus intuitives Denken; insgesamt eine positive Wirkung.

Rechter Fuß der Jungfrau bei 9° Skorpion:
Venus-Mars-Strahlung; wirkt sexuell anregend oder aufreizend.

Acrux (1) bei 11° Skorpion:
Jupiter-Wesen; förderlich für Bewußtseinsentwicklung und idealistische Ziele.

Unk Elhaija (Unukalhai) (2–3) bei 21° Skorpion:
Mars-Kraft; auch Saturn-Strahlung; insgesamt zerstörerische Wirkung.

Alpha Centauri bei 23° Skorpion:
Venus-Jupiter-Natur; fördert Aufstieg und Anerkennung und hat allgemein eine sehr günstige Wirkung.

Beta Centauri bei 29° Skorpion:
Venus-Jupiter-Natur; wie oben.

Yed I (3) bei 2° Schütze:
Saturn-Charakter mit Einschlag Neptun und Venus; Ausschreitungen und Exzesse bei impulsiven, unbeherrschten Menschen.

Akrab (2) bei 2° Schütze:
Marskraft, mit geistiger Saturnstrahlung; mit Mond materiell ungünstig, mit Sonne möglicherweise fördernd.

Zwerchfell des Skorpions bei 7° Schütze:
Mars-Jupiter-Charakter; mit Mars, Saturn oder Uranus »zersprengende« Wirkung, sonst weniger gefährlich.

Antares (1) bei 9° Schütze:
Mars-Saturn-Natur mit schwacher Merkur-Jupiter-Komponente; oft aggressive Einstellung, dabei geistige Wachheit und gutes Gedächtnis.

Bauch des Skorpions bei 11° Schütze:
Mars-Jupiter-Natur; impulsive oder plötzlich und energisch aufbrechende Kräfte, die in Verbindung mit Mars, Saturn oder Uranus eher zerstörerisch wirken könnten.

Ras Algethi bei 15° Schütze:
Mars-Venus-Charakter; Kühnheit und Streben nach Macht sowie geistige Fähigkeiten werden verstärkt.

Ras Alhague (2) bei 22° Schütze:
Saturn-Venus-Neptun-Natur; in Verbindung mit dem Mond Neigung zu Mißbrauch von Genußgiften, sonst eher zwiespältige Wirkungen; bei geistig entwickleten Menschen Ansporn zur disziplinierten und opferbereiten Erforschung neuer äußerer und innerer Räume.

Lesath (3) bei 24° Schütze:
Mars-Merkur-Natur, heißt auf arabisch »Stachel des Skorpions«; wirkt aufpeitschend und verwirrend auf das Gemüt, vor allem im Zusammenhang mit Massenbewegungen oder kollektiven Verhaltensweisen.

Stachel des Skorpions bei 25° Schütze:
Mond-Mars-Strahlung; bei schlechter Mars-Stellung Gefahren durch Gewalttätigkeit.

Ettanin bei 27° Schütze:
Saturn-Jupiter-Natur; gute Konzentrationsfähigkeit und Offenheit für geistige Studien.

Bogen des Schützen bei 5° Steinbock:
Jupiter-Mars-Wesen; Menschenliebe und Tatkraft verbinden sich zu wohltuender Wirkung, falls das Grundhoroskop keine illusionären Tendenzen aufweist; unter Umständen auch Fülle durch Jupiterkraft, die immer wieder voreilig und/oder zu freigiebig weitergegeben oder »verschenkt« wird.

Gesicht des Schützen bei 13° Steinbock:
Jupiter-Sonne-Natur; grundsätzlich sehr positive Wirkung, die allerdings meist nicht materiell, sondern nur spirituell spürbar wird.

Wega (1) bei 14° Steinbock:
Venus-Merkur-Neptun-Natur, bei den Babyloniern war die Wega der »Stern der Lebensherrin«, in China »Königin-Mutter«; stark künstlerische und lebensschöpferische Wirkung, besonders stark in Verbindung mit Sonne, Mond, Venus und Jupiter.

Schwanz des Adlers (3) bei 19° Steinbock:
Mars-Jupiter-Wesen (eventuell richtiger Mars-Venus-Charakter); in Konjunktion mit Mond oder Venus Neigung zu Exzessen.

Albireo (2–3) bei 30° Steinbock:
Venus-Merkur-Charakter; positiv wirksam für sensible Menschen.

Unteres Pfeilende bei 30° Steinbock:
Mars-Venus-Charakter; »Saturn auf diesem Fixstern erzeugt grausame Menschen ... Taten der wildesten Zerstörungswut ... spielt daher mundan bei großen, blutigen Umwälzungen und in den Horoskopen der Führer solcher Bewegungen eine Rolle!« (Zitat Vehlow)

Atair (1) bei 1° Wassermann:
Mars-Kraft mit schwächerer Jupiterstrahlung; fördert den Aktivitätstrieb, besonders auf geistigen und kommerziellen Gebieten; unter Umständen Ehrungen.

Giedi (4) bei 3° Wassermann:
Venus-Merkur-Charakter; Aktivierung aber erst durch Mars-Konjunktion; Neigung zur Oberflächlichkeit.

Brust des Steinbocks (5) bei 12° Wassermann:
Merkur-Strahlung mit Mars-Einschlag, vielleicht auch mit Saturn; bei Merkur günstig, bei Mars unruhig machend, bei Saturn konzentrierend.

Schwanz des Delphins bei 13° Wassermann:
Mars-Saturn-Neptun-Natur; veränderliches Glück, eigentümliches Schicksal, eigenwillige Verhaltensweisen.

Rücken des Steinbocks (5) bei 13° Wassermann:
Wirkung ähnlich wie Saturn und Jupiter, wird eher als ungünstig angesehen.

Kopf des Delphins bei 16° Wassermann:
Mars-Saturn-Natur; ähnlich wie »Schwanz des Delphins«.

Bauch des Steinbocks bei 19° Wassermann:
Mars-Merkur-Natur; geistige Ruhelosigkeit oder ungezügelter Tatendrang bei unbewußt lebenden Menschen, Verständnis für strategische und technische Herausforderungen und ihre Umsetzung in die Realität bei Menschen mit entwickeltem Bewußtsein.

Deneb Algedi (1) bei 21° Wassermann:
Saturn-Jupiter-Natur; gilt bei den Arabern als »Glücksstern«!

Sadalmelek (3) bei 2° Fische:
Saturnkraft; reine, vergeistigte Saturnstrahlung, im arabischen heißt dieser Stern »Glücklicher König"!

Fomalhaut (1) bei 3° Fische:
Merkur-Venus-Natur; stark merkurielle Wirkung, in finanzieller und intellektueller Hinsicht.

Deneb im Schwan (1) bei 5° Fische:
Venus-Merkur-Natur; Talente und Erfolge auf künstlerischem Gebiet, vor allem auch durch kommerzielle Auswertung von Kunst.

Achernar (1) bei 14° Fische:
Jupiter, mit Einschlag Mars-Uranus; gibt geistliche Würden, besonders mit Jupiter

Markab (2) bei 23° Fische:
Mars-Merkur-Natur; mehr mentale als physische Wirkungen, eventuell propagandistische Begabung; macht insgesamt eher rastlos, vor allem in Verbindung mit Mars, Mond und Merkur, besonders wenn diese im Grundhoroskop disharmonisch gestellt sind.

Scheat (2) bei 29° Fische:
Saturnkraft (nach Robson Mars-Merkur); Wassergefahren, Schiffbruch, aber auch Anregung zur Vergeistigung.

Konjunktionen gelten bei bis zu einem Grad Abweichung. Ist Ihre Sonne also bei 22 Grad Fische, so kann man noch von einer Konjunktion mit Markab ausgehen, der bei 23 Grad Fische steht.
Oppositionen gelten vermutlich nur bei genauem 180-Grad-Winkel.
Das letzte Wort zum Orbis, dem Umkreis bzw. der Abweichung, bis zu der eine Konjunktion oder Opposition noch gilt, haben Sie selbst und Ihre eigene Erfahrung!

Die rote Sonne von Trikuti und der innere Kosmos der Seele

Gedanken zur esoterischen und zur inneren Astrologie

Ich möchte Ihnen zum Abschluß dieses Buchs einige Überlegungen zu spirituellen Aspekten unseres Themas anbieten. Astrologie ist die Kunde der Beziehungen zwischen Mensch und Kosmos. Der Makrokosmos des Sonnensystems und darüber hinaus des Sternenalls spiegelt schöpferische Lebensregeln, wie wir sie auch im Mikrokosmos der menschlichen Seele wiederfinden. Entwicklungsgesetze und Zeitzyklen sind für alles, was geschaffen ist, sehr ähnlich bzw. sogar identisch. Alles entsteht, wächst, bildet sich aus, blüht auf, bringt Frucht hervor, reift, zieht sich wieder nach innen zurück, entwird seiner bisherigen Gestalt (die ja zu keinem Zeitpunkt statisch ist, sondern sich ebenfalls immer verändert), und verläßt schließlich die nicht mehr notwendige oder zeitgemäße äußere Form – um vielleicht nach einiger Zeit erneut in eine andere Daseinsform zu treten. So, wie nichts aus dem Nichts entsteht, so vergeht auch nichts ins Nichts. Selbst, wenn wir den spirituellen Schöpfungsakt (noch?) nicht begreifen (und ihn allein intellektuell wohl auch nie verstehen werden, sondern nur von der unmittelbaren mystischen Innenschau her!), so heißt das nicht, daß es ihn nicht gibt. Schöpfungsakte gab und gibt es ständig, sowohl im Makrokosmos wie im Mikrokosmos. Das gleiche gilt für jene geheimnisvolle und oft angstauslösende große Wandlung, die wir Tod nennen. Diese Transformation aus einer sichtbaren und greifbaren Gestalt in eine andere, formlose und dennoch nicht weniger reale und bewußte Wirklichkeit findet ebenfalls immerzu und immer wieder statt.

Die hohe Kunst einer spirituellen Astrologie bestünde darin, den geistigen Ursprung des individuellen Seins, den Sinn und die Aufgaben des gegenwärtigen Lebens und das Ziel der Reise der Seele durch den äußeren und inneren Kosmos möglichst klar zu beschreiben und hilfreich zu begleiten. An dieser Stelle kann ich nur auf diese Herausforderung hinweisen, ohne das Thema wirklich zu vertiefen. Bücher sind selbst im besten Fall ohnehin nicht mehr als erste Hilfen auf dem Weg zur Selbstverwirklichung, der am einfachsten und schnellsten unter der Führung eines lebendigen Lehrers gegangen werden kann. Einige

Impulse für ein astrologisches Denken in dieser Richtung möchte ich Ihnen jedoch auch in Schriftform anbieten.
Rudolf Steiner, der Begründer der Anthroposophie, sprach von Sonne und Mond als den »beiden Toren der geistigen Welt«. In verschiedenen Vorträgen ging er 1924 auf die esoterische Rolle dieser beiden Himmelslichter ein (»Esoterische Betrachtungen karmischer Zusammenhänge«, 6. Band, R. Steiner Verlag, Dornach, 1977).
Steiner bezeichnete den Mond als jenes Tor von der physischen zur geistigen Welt, durch das die Vergangenheit in das menschliche Leben »hereinzieht«. Demnach markiert die Mondstellung im Horoskop die individuelle »karmische« Vergangenheit, die unser gegenwärtiges Leben beherrscht. Mit dem Mond bestimmt unsere individuelle Vergangenheit unsere individuelle Gegenwart.
Die Sonne ist das andere Tor von der Welt der Materie in die Welt der formlosen Wirklichkeit, jedoch das Tor zur Zukunft. Die Zukunft, unser aller Zukunft, wird weniger vom kleinen Ego und seinen Verhaftungen und Wünschen bestimmt, wenn wir es mit Selbsterkenntnis und Selbstverwirklichung ernst meinen, sondern mehr von überpersönlichen Idealen und spirituellen Möglichkeiten.
Demnach symbolisiert der Sonnenort im Horoskop unser Potential, das Verlauf dieses Lebens von Zukunftsverheißungen zu Gegenwartsverwirklichung werden kann.
Steiner sagte in einem Vortrag wörtlich: »Das Vergangene können wir mit dem besten Willen niemals anders machen als es ist. ... Alles, was uns vom Monde herkommt, hat diesen Charakter einer unabänderlichen Notwendigkeit. Alles das, was von der Sonne herkommt, und was in die Zukunft hineinweist, hat etwas, wo unser Wille, ja wo unsere Freiheit eingreifen kann. ... Wenn der Menschen nun wirklich ... ein Göttliches sieht im Kosmos, ... dann wird sich für den Menschen ... eine besondere Sprache ergeben, indem er aus dieser Herzens- und wirklichen Menschenerkenntnis hinaufschaut zu den Himmelskörpern.« (S. 23, a. a. O.) An anderer Stelle sagt er: »Alles dasjenige, was uns vom Monde herunter scheint, hängt zusammen mit unserer kosmischen Vergangenheit, und die Sonne hängt zusammen mit unserer kosmischen Zukunft.« (S. 73, a. a. O.)
In welchem Zeichen, in welchem Haus, in welchen Aspekten zu anderen Gestirnen stehen Ihre Sonne und Ihr Mond? Sehen wir uns einen Ausschnitt aus einem Beispielhoroskop an, zu denen ich Ihnen Deutungsmöglichkeiten nach der von Steiner vorgeschlagenen Interpretation von Sonne und Mond nenne.

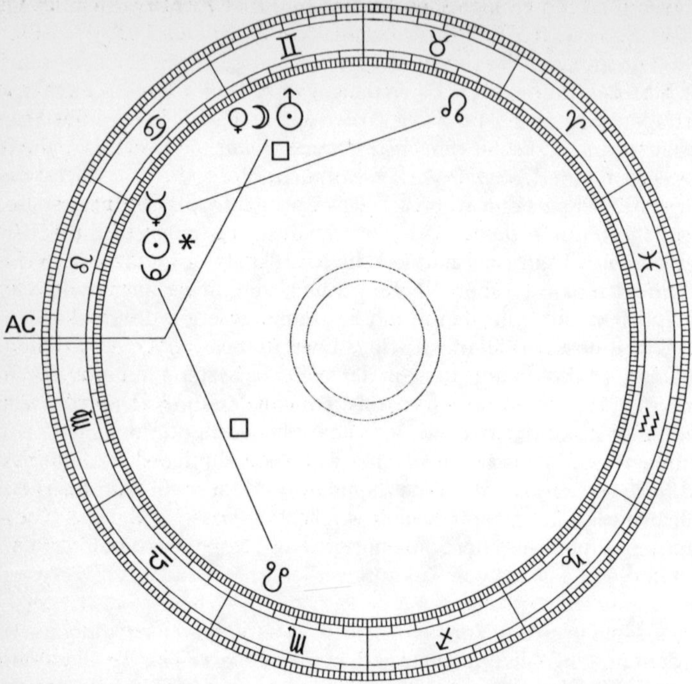

Mond als Symbol der persönlichen Vergangenheit im Zeichen Zwillinge im 11. Haus, in Konjunktion zu Uranus und Venus sowie im Sextil zum Aszendenten.

Sonne als Symbol der überpersönlichen Zukunft im Zeichen Löwen im 12. Haus, in Konjunktion zu Merkur und Pluto sowie im Quadrat zur Mondknotenachse, die vom 3. zum 9. Haus aufsteigt.

Die karmische Vergangenheit wird in diesem Beispiel bestimmt durch Zwillinge mit Merkur als Herrscher des Zeichens = Kommunikation und Austausch, gute Auffassungsgabe und entwickelter Intellekt, Fähigkeit zu raschen Entscheidungen, aber auch Hang zur Oberflächlichkeit sowie »Schlitzohrigkeit« (mehr dazu im Merkur-Buch über den mythologischen Hintergrund dieses Planeten).

All das hat sich im Lebensbereich des 11. Hauses abgespielt = Ideale, Hoffnungen und Wünsche, Hilfen sowie Enttäuschungen durch Freunde, reformerische Bestrebungen.
Die Konjunktionen, also die Energieaspekte zu Uranus = plötzliche Veränderungen, Intuition (Uranus ist die »höhere Oktave« des Merkur) und zu Venus = Harmoniestreben, Liebessehnsucht, Ästhetik haben in der Vergangenheit eine wenig kontinuierliche Tendenz der Lebensführung mit sich gebracht. Unerwartete Wendungen des Schicksals um 180 Grad, Neugier für das Ungewöhnliche und die Suche (oder Sucht?) nach Liebesbeziehungen haben möglicherweise zwar für ein bewegt-interessantes Leben gesorgt, eine Vertiefung oder gar Vervollkommnung der als richtig erkannten Ideale verhindert.
Das Sextil = Harmonieaspekt des Mondes zum Aszendenten = Rollenspiel, Ich, Persona, Bezug zur Umwelt zeigt, daß dieses »alte Karma« in Übereinstimmung mit der eigenen Persönlichkeit gelebt wurde, also diesbezüglich keine größeren »Brüche« vorhanden sind.
Kommen wir nun zum Sonnenstand als Anzeiger für die zukünftige Entwicklungsaufgaben in diesem Leben – wobei als Zukunft das betrachtet wird, was sich vom Zeitpunkt der Geburt, für die das Horoskop ja erstellt wird, bis zum Lebensende in dieser irdischen Form an Chancen und Herausforderungen ergibt.
Die Zukunft des Horoskopinhabers, sein Potential und seine Aufgaben, werden durch den Sonnenstand im Zeichen Löwe angezeigt, dessen Planetenherrscher ebenfalls die Sonne ist = »Ich bin« ist ein Motto dieses Zeichens, Licht und Wärme der Sonne, welche Leben überhaupt erst möglich macht und im Hochsommer zur vollen Fruchtreife führt. Hier kann sich die »Zukunft«, also dieses Leben, ihren Anlagen nach zum vollen Glanz des Menschen entfalten.
Das hat allerdings im 12. Haus zu geschehen, also nach innen gerichtet. Es geht im 12. Haus nicht um den äußeren Glanz, nicht um den Beifall einer größeren Öffentlichkeit oder gar der »Masse«, sondern um die Vollendung eines Zyklus, um die Öffnung oder den Durchbruch in eine neue, tiefere bzw. höhere Dimension. (Es handelt sich also nicht um einen »typischen Löwen«.)
Die Konjunktion zu Merkur = Verstand und Austausch sowie Pluto = Machtansprüche und vollständige Transformation zeigen, daß einerseits der Merkur auch in der Zukunft eine Rolle spielt (wie in der Vergangenheit als Planetenherrscher des Mondzeichens), und daß zum anderen die Transformation von Macht- und Geltungsbedürfnissen auf der Grundlage spiritueller Einsichten (= 12. Haus) eine Lernaufgabe und Lernchance darstellt.

Das Quadrat, das heißt der Spannungsaspekt der Sonne zur Mondknotenachse, also zwischen der überpersönlichen Zukunft des Individuums zum »Beziehungsknoten«, zwischen altem karmischem Ballast und neuer Willensfreiheit, weist ebenfalls darauf hin, daß dieser Mensch sich mit seinen persönlichen Wünschen an seinen überpersönlichen Aufgaben reiben wird, daß er sie bewältigen und daran wachsen soll.
Da der aufsteigende Mondknoten in das jupiterregierte 9. Haus fällt (und der absteigende in das merkurregierte 3. Haus), ist die Lösung dieses Konflikts vorgezeichnet: spirituelle und seelische Selbstverwirklichung, möglicherweise angeregt bzw. bereichert durch weite äußere und innere Reisen statt weiterer intellektueller »Wissensspielchen«.
Sie sehen, daß auch aus relativ wenigen Faktoren, wenn man sich um eine geistige Betrachtungsweise des Horoskops bemüht, relativ viel Erhellendes erkennbar wird.

Astrologie ist sowohl die »Psychologie der Antike«, wie sie manchmal genannt wird, als eine ganz praktische Hilfe, ein glücklicheres Leben zu führen. Unzählig vielen Menschen hilft Astrologie, sich und das Leben genauer zu erkennen und ihre jeweiligen Aufgaben besser zu erfüllen. Aber Astrologie hat natürlich auch Grenzen.
Es gibt einen »magischen Punkt« in jedem Horoskop, in dem alle Gegensätze aufgehoben sind, einen Ort, an dem bereits alles erfüllt und vollendet ist und nichts mehr getan und »geschafft« werden muß. Dieser Punkt ist das Zentrum des Horoskops, an dem alle zentrifugalen Wirkungen der Planeten unwirksam werden. Das Bild einer sich drehenden Schallplatte vermittelt in etwa, worum es dabei geht. Je weiter man nach außen auf der Schallplatte geht, desto höher ist dort die Drehgeschwindigkeit. Je weiter man nach innen kommt, desto langsamer ist die Drehbewegung. Im absoluten Mittelpunkt der Schallplatte wäre keine Bewegung mehr spürbar. Im »absoluten Mittelpunkt« des Horoskops ist alles ausgewogen und ruht in sich. Es gibt dort keine nach außen ziehenden oder drängenden Wirkungen mehr, selbst stärkste Planetenkräfte verlieren ihren Einfluß.
Anders gesagt: Es gibt eine Dimension des Menschen, in der die Wirksamkeit der Astrologie aufhört: die Ebene der Seele, des göttlichen schöpferischen Funkens, des spirituellen Bewußtseins. Auf dieser Ebene gibt es etwas, was ich als »innere Astrologie« bezeichne. Dabei handelt es sich um einen Meditationsweg, bei der wir auf den ersten Stufen und Durchgängen den »astralen Himmel« bzw. den inneren Kosmos kennenlernen.

»Jede innere Ebene ist mit einem bestimmten Licht und einem bestimmten Klang verbunden. Das schöpferische Urlicht und der Urklang Gottes und der innere Strom von Licht und Ton, die wir in der Meditation wahrnehmen, sind dasselbe. Die göttliche Schwingung oder Urkraft, die von Gott ausströmt und herab auf die physische Ebene kommt, bleibt dieselbe, während sie alle Ebenen passiert. Die ›Dichte‹ dieser Ebenen ist unterschiedlich. Sach Khand, die fünfte und oberste Ebene, ist die Ebene der Allbewußtheit. Die suprakausale Ebene, die vierte, besteht hauptsächlich aus Bewußtsein und nur aus wenig Materie. Die nächste, die Kausalebene, hat gleichviel Bewußtsein wie Materie. Die zweite Ebene, die Astralebene, besteht hauptsächlich aus Bewußtsein und hat wenig Materie. Und die erste, die physische Ebene, ist fast nur aus Materie und hat nur sehr wenig Bewußtsein, in Form der menschlichen Seele.«
»Da die Zusammensetzung von unterschiedlicher Dichte ist, erscheint uns der Licht- und Tonstrom der Schöpferkraft unterschiedlich, wenn er durch diese Ebenen hindurchfließt. Auf der Astralebene sehen wir in der Meditation das Licht von Kerzen. Auf der Kausalebene sehen wir das Licht einer rot aufgehenden Sonne, die rote Sonne von Trikuti. Auf der Superkausalebene sehen wir ein Licht, das von einem Mond zu kommen scheint. Danach sehen wir das Licht einer Mittagssonne. Und in Sach Khand, einer Ebene voller Licht, sehen wir Licht wie von Hundertausenden von Sonnen und Monden. Ähnlich unterschiedlich ist auch der Klang, den wir auf den einzelnen Ebenen hören ...«
Soweit ein Auszug aus einem Videogespräch des Verfassers mit dem Meditationslehrer Rajinder Singh, das auch als Broschüre erschien: »Orte der Kraft – Kräfte des Lebens«; Bezug siehe Anhang, »Innere Astrologie«. Aus diesen Zitaten geht hervor, daß der innere Kosmos der Seele nicht eine erdachte Metapher ist, sondern daß spezifische Lichter des inneren Himmels mit dem Auge der Seele tatsächlich wahrgenommen werden können. Sie und ich, wir alle können mit dem sogenannten »Einzelauge«, »dritten Auge« oder »Seelenauge« inneres Licht, Sonne, Mond und Sterne unmittelbar selbst sehen, ohne uns etwas »einbilden« zu müssen! Der Prophet Mohammed, der später zum Begründer des Islams wurde, beschreibt, wie er den inneren Mond durchquerte und einer ihm bis dahin unbekannten inneren Welt gewahr wurde. Halbmond und Stern auf den Flaggen islamischer Staaten geben davon auch heute noch symbolische Kunde. Auch Mystiker anderer Religionen beschrieben immer wieder, wie sie entweder einen inneren Kosmos sahen oder sogar in ihn entrückt wurden und wie unser äußeres Weltall ein materiehaft verdichteter Ausdruck der geistigen Wirklichkeit ist.

Das Ziel der »Inneren Astrologie« besteht nun darin, auch diesen inneren Kosmos zu durchqueren, sozusagen über ihn hinauszugehen, um die letzte Realität zu erfahren, die jenseits der Sternenwelten liegt, um zur Quelle jener Kraft zu gelangen, aus der die gesamte Schöpfung hervorgeht, sowohl das äußere und innere Firmament als auch der äußere und der innere Mensch. Das Ziel dieser Art von »Astrologie«, von »Sternenkunde«, ist also, der Seele, dem individuellen Bewußtsein den Weg zur Selbsterkenntnis und Welterkenntnis zu zeigen.
Ich bin dankbar, daß ich durch den großen Mystiker, Dichter und Meditationslehrer Darshan Singh und seinen spirituellen Nachfolger, den Wissenschaftler, Meditationslehrer und Friedenspreisträger Rajinder Singh auf diesen hohen Weg geführt wurde.

Von Herzen wünsche ich jeder Leserin sowie jedem Leser ganz persönlich, daß Sie den Mut fassen, Ihr höchstes Potential anzustreben, und die nötige Klarheit, rechten Einsichten und die geeigneten Mittel dafür gewinnen. Mögen Sie die erforderliche Kraft erlangen, um Ihren Weg zu gehen, sich für die Liebe in der Schöpfung zu öffnen und für andere Menschen so viel Lebensfreude auszustrahlen, wie Sie es für sich selbst wünschen.

Anhang

Die Astrodata-Horoskopkarten: das psychologisch-astrologische Erkenntnisspiel

Der Autor hat in Zusammenarbeit mit der Astrologin Monica Kissling und dem Astrodata Verlag Horoskopkarten entwickelt. Sie eignen sich zum Auslegen und Erkennen des eigenen Horoskops, zur fundierten Interpretation auf einen Blick, zum Erlernen der Grundlagen der psychologischen Astrologie und zur Anwendung als Orakel wie Tarotkarten. Mit Karten zu den zwölf Tierkreiszeichen, zwölf Häusern, Sonne, Mond, Planeten, den Mondknoten, der MC/IC-Achse und mit zwei Blankokarten zur persönlichen Ergänzung.
Erhältlich in jeder guten Fachbuchhandlung (ISBN-Nummer 3-907029-34-8) oder direkt beim Astrodata-Verlag Zürich. Siehe Bestellformular am Schluß des Buches.

Literaturhinweise

Aus dem Astrologie-Programm des Heyne Verlags München empfehle ich besonders folgende Bücher:

»Das Grundwissen der Astrologie«, Bernd A. Mertz; Grundlagenwerk vom deutschen Altmeister der Astrologie; Heyne TB 08/9447

»Astrologie der Persönlichkeit«, Dane Rudhyar; umfassende Darstellung astrologischer Konzepte; Heyne TB 08/9603

»Ihr Horoskop für jeden Tag des Jahres ... (für jedes Zeichen des Tierkreises)«, C. Joachim Weiss, jährlich neu erscheinende Heyne-Taschenbücher.

Die Heyne Planetenbücher von Wulfing von Rohr;

»Merkur – der Geldplanet: Die Kraft des Verstandes und der Kommunikation«; Heyne TB 14/300

»Venus – der Liebesplanet: Die Kraft der Harmonie und der Kunst«; Heyne TB 14/301

»Mars – der Energieplanet: Die Kraft des Willens und des Triebes«, Heyne TB 14/302

»Jupiter – der Glücksplanet: Die Kraft der Entfaltung und des Sinns«; Heyne TB 14/303

»Saturn – Die Kraft der Konzentration und Grenzsetzung«; Heyne TB 14/304

»Die Mondknoten – Schicksalspunkte: Alte Karmalast und neue Lebensaufgabe«; Heyne TB 14/305

Diese 1993 erschienenen Bücher enthalten alle eine ausführliche Einführung in die Grundlagen der Astrologie sowie sehr detaillierte Literaturhinweise.

1994 erscheint die zweite Staffel dieser Reihe:

»Sonne – Der Lebensplanet: Die Kraft des Bewußtseins und der Schöpfung«; Heyne TB 14/306

»Mond – Der Gefühlsplanet: Die Kraft der Seele und des Träumens«; Heyne TB 14/307

»Uranus – Der Veränderungsplanet: Die Kraft des Neuen und der Intuition«; Heyne TB 14/308

»Neptun – Der Verschmelzungsplanet: Die Kraft der Einfühlung und der Mystik«, Heyne TB 14/309

»Pluto – Der Machtplanet: Die Kraft der Transformation und Magie«, Heyne TB 14/310

Die Bücher über Sonne und Mond enthalten einen Fixsternkalender; alle fünf dieser zweiten Staffel einer Tabelle zur Berechnung des Sonnenstands und einer Aufteilung der zwölf Tierkreiszeichen in drei Dekaden und zwölf Unterbereiche; das Mondbuch hat zusätzlich eine Formel zur Berechnung des Mondstandes.

Einige Bücher des Autors zu anderen Themen:

»Meditation – Die Kraft aus der Mitte: Ein Handbuch für die Übungspraxis mit den wichtigsten Methoden«, Goldmann Verlag München, TB 12138, 2. Aufl. 1993
»Meditation – Neue Lebenskraft aus der Mitte«, 2 Übungskassetten mit Anleitung und Musik, Bauer Verlag Freiburg, 1991
»Magisch Reisen Indien – Ein spiritueller Reiseführer«, Goldmann Verlag München, 1991
»Orte der Kraft – Kräfte des Lebens«: ein Gespräch mit dem Meditationsmeister Rajinder Singh, u. a. über die »inneren Sterne«, Video, Bauer Verlag Freiburg 1990; erhältlich auch über die Adressen zum Stichwort »Innere Astrologie«
»Neues Bewußt-Sein – Vom positiven Denken zum konstruktiven Handeln«, Fischer Verlag CH-Münsingen, 1993, mit Gudrun Freitag
»Tarot der Liebe«: Die erste positive, dynamische und moderne Tarot-Interpretation ohne okkulten oder mittelalterlichen Ballast, Ariston Verlag Genf-München, geb., 2. Aufl. 1989, mit Gayan S. Winter; demnächst als TB im Heyne Verlag München
»Die Farben deiner Seele: Grundlagenbuch zu den körperlichen, seelischen und geistigen Heilwirkungen von Farben«, Goldmann Verlag München, geb., 2. Aufl. 1993, mit Ingrid S. Kraaz

Von Claude Weiss und Wulfing von Rohr sind zwei Astrologie-Lehrvideos erschienen im Video-Programm des Bauer Verlags Freiburg. Erhältlich im Fachbuchhandel oder direkt bei Astrodata, Albisriederstr. 232, CH-8047 Zürich. Siehe auch Bestellkarte weiter hinten.
Meine liebe »Seelenschwester« Gayan S. Winter hat im Bauer Verlag Freiburg 1993 eine »Mystische Reise« mit Meditationen zur Tiefenentspannung, für den Energiekörper und zur inneren Kraftquelle herausgebracht, auf die ich ebenfalls gern hinweise.

Astrologie-Kurse

Besonders empfehlen möchte ich Kurse von Bernd A. Mertz, zum Beispiel bei der Sauter-Organisation auf dem Stoos in der Schweiz, bei ROTA in Düsseldorf sowie im eigenen Frankfurter Institut. Kontaktadressen:
Sauter, Hauptstr. 110, CH-8289 Kreuzlingen, Tel. (072) 721573, Fax 722709; ROTA, Eckener Weg 3, D-40764 Langenfeld, Tel. (02173) 73535, Fax 82534; B. A. Mertz, Altheimstr. 5, D-60431 Frankfurt/M, Tel. (069) 513322.
Ich selbst halte ebenfalls gelegentlich Astrologie-Kurse sowie Meditationsseminare und würde mich freuen, Sie persönlich begrüßen und im Rahmen meiner Möglichkeiten Ihre Themen und Fragen besprechen zu können. Infos zu Astrologiekursen über WRAGE Hamburg, Schlüterstr. 4, D 20146 Hamburg, Tel. (040) 455240, Fax 442469; Posivita, Rotbuchstr. 16, CH-8033 Zürich 6, Tel. (01) 3623040, Fax 3623039; Infos über Meditationsseminare bei ROTA, siehe oben.

»Innere Astrologie«

Informationen über (kostenlose) Meditationskurse mit dem inneren Licht und Ton über Deutschland: Helga Kammerl, Jägerberg 21, D-82335 Berg, Tel. (08151) 50449, Fax 51038; Österreich: Herbert Wasenegger, Mautner Markhofgasse, 13-15/V/3, A-1110 Wien; Schweiz: Angela Seiler, Tödistraße 20, CH-8002 Zürich, Tel. (01) 2022372; USA: Science of Spirituality Center, 4S175 Naperville Road, Naperville, Ill. 60563; Tel. (708) 955-1200; Indien: Kirpal Ashram, 2 Canal Road, Vijay Nagar, Delhi, India 110009.

Astrologische Beratung

Scheuen Sie sich nicht, vor einer Beratung genau zu erfragen,

- was das Leistungsangebot ist,
- wie lange die persönliche Besprechung dauert,
- ob es mehr um Ereignisse, mehr um psychologische Themen, mehr um Lebensaufgaben oder um alles geht,
- was die Beratung kostet,
- ob Sie auch nachher noch gelegentlich Fragen telefonisch stellen können.

Und überlegen Sie, ob Lebenserfahrung und menschlicher Hintergrund, astrologische Richtung und spirituelle Bewußtseinsentwicklung des Beraters Ihre Erwartungen bzw. Ansprüche erfüllt. Ein guter Astrologe/eine gute Astrologin wird keine sachliche Frage übelnehmen und bereitwillig den eigenen Beratungsansatz erklären. Bedenken Sie beim Honorar, daß der Astrologe meistens intensiv vorarbeiten muß.

In Deutschland empfehle ich Bernd A. Mertz, Altheimstr. 5, D-60431 Frankfurt/Main, Tel. (069) 513322; in der Schweiz Monica Kissling, Impuls-Beratung Zürich, Tel. (01) 2810464, Fax 2813464.
Ich selbst nehme auch gelegentlich Beratungsaufträge an; entweder im Zusammenhang mit meinen Seminaren in Europa oder an meinem Wohnort in Santa Fe: Tel (001) (505) 988-3677, Fax 986-0235.
Mein persönlicher Ansatz zur Astrologie ist eher »unmodern« und »unpsychologisch«, nämlich vorwiegend konstruktiv und nicht problemvertiefend, sondern problemlösend orientiert. Probleme sollen zwar erkannt und besprochen werden, sie zu überwinden funktioniert aber nach meiner Lebenserfahrung meist nur wirklich, wenn wir uns vor allem aktiv unseren Chancen und Möglichkeiten widmen und unsere Stärken so weit entwickeln, daß sie unsere Schwächen wie von selbst ausgleichen können.

Astrologische Dienstleistungen

Bestellformular für Astrologie-Videos, Astrodata-Horoskopkarten sowie für Astro-Ausrechnungsdienste

... Ex. ASTRODATA-Horoskopkarten à DM/sfr 39,80
72 Lern- und Spielkarten, 12 davon vierfarbig

... Ex. Persönliche Jahresvorschau à DM 65,–/sfr 55,–
ab Monat/Jahr ... / ...

... Ex. Persönlicher Astro-Kalender à DM 110,–/sfr 95,–
Individuell gedeutete Vorschau für jeden Tag –
als Ringbuch oder als Tischmodell (ankreuzen)

... Ex. Große Persönlichkeitsanalyse à DM 82,–/sfr 70,–
Standardhoroskopanalyse mit Horoskopzeichnung
(ohne Zeichnung DM 70,–/sfr 60,–; bitte ankreuzen)

... Partnerschaftsanalyse (ohne Zeichnung) DM 60,–/sfr 50,–
Bitte geben Sie unbedingt beide Geburtsdaten an sowie
Ihren Begegnungsort oder gemeinsamen Wohnort!

... Ex. Astrologie-Videolehrgang mit Claude Weiss, I und II,
jeweils DM/sfr 68,–

Zwischensumme DM ________ /sfr ________

zuzüglich Porto und Versand DM/sfr 5,–
bei Bestellungen unter DM/sfr 200 ________________

Gesamtsumme DM/sfr ________________

Geburtsdaten für Person 1

Name, Vorname ....

Geburtsdatum, Geburtszeit ....

Geburtsort, Geburtsland ....
Männlich
Weiblich (bitte ankreuzen)

Geburtsdaten für Person 2 (für Partnerschaftsanalyse und/oder bei Mehrfach-Bestellungen)

Name, Vorname ....

Geburtsdatum, Geburtszeit ....

Geburtsort, Geburtsland ....
Männlich
Weiblich (bitte ankreuzen)
Bei Ortschaften unter 5000 Einwohnern bitte auch nächstgrößere Stadt mitangeben. Danke sehr.

Schneiden Sie dieses Formular heraus oder machen Sie eine Fotokopie. Senden Sie Ihre Bestellung mit einem Euro-Scheck mit Sckeckkartennummer als Brief ab. Schicken Sie alles entweder an

- Astrodata AG, Albisriederstr. 232, CH-8047 Zürich oder an
- Wrage Buchhandlung, Schlüterstr. 4, D-20146 Hamburg

Sie können den Gesamtbetrag auch auf das jeweilige Postscheckkonto einzahlen und den Einzahlungsbeleg mit diesem Bestellformular einsenden.

Postscheckkonto ASTRODATA: Postgiroamt Karlsruhe 14020-758
Deutsche Bank Weil am Rhein, BLZ 68370034, für ASTRODATA-Konto 0794.834.
Postscheckkonto WRAGE; Postgiroamt Hamburg, BLZ 20010020, Konto WRAGE 114328-200

Vergessen Sie nicht, die Adresse anzugeben, an welche Ihre Bestellung versandt werden soll!
Die Lieferzeit beträgt 1 bis 2 Wochen. Lieferungen von Astrodaten in die Schweiz gegen Rechnung; Zahlung innert 30 Tagen.